GU RATGEBER GESUNDHEIT

FRIEDRICH BOHLMANN

Fit mit Molke

Abnehmen & entschlacken

- Alle Molkeprodukte im Überblick
- Mixdrink-Rezepte für mehr Vitalität
- Kosmetik und Bäder für eine schöne Haut

GU

Inhalt

Ein Wort zuvor

Sie wollen Ihren Körper reinigen, von schädlichen Stoffen befreien und gleichzeitig ein paar Pfunde verlieren? Molke kann Ihnen dabei bestens helfen. Das »Serum der Milch« ist eines der ältesten bekannten Diät-Lebensmittel. Es enthält alles Gute aus der Milch: ihre Vitalstoffe, Mineralien und Vitamine, ein besonders hochwertiges Eiweiß – und nur ganz wenig Fett. Deshalb ist die Molke das Richtige für die schlanke Linie, einen aktiven Stoffwechsel und einen gesunden Darm.
Was sich früher nur der reiche Hochadel wie die Kaiserin Sisi leisten konnte, um fit, schlank und schön zu bleiben, sollten Sie sich nicht entgehen lassen. Verwöhnen Sie sich mit einer Molkekur: Sie bekommen Molke – flüssig oder als Pulver – preiswert im Reformhaus und in der Apotheke. Auch in vielen großen Supermärkten finden Sie Trinkmolke pur oder in verschiedenen Geschmacksrichtungen. Deshalb ist eine Molkekur heute ganz unkompliziert – und Sie fühlen sich danach aktiver und jünger als zuvor. Wie es funktioniert, erfahren Sie ganz genau im großen Praxisteil. Unter den mehr als 30 leckeren Molke-Shakes in diesem Buch gibt es bestimmt auch einen Energy-Drink nach Ihrem Geschmack. Damit nehmen Sie auf leichte Art ab, stärken Ihr Immunsystem und beugen vielen Alltagsbeschwerden vor.
Ganz besonders nützt Molke dem Darm und der Darmflora. Denn die Milchsäure in der Molke reinigt und bringt die Verdauung in Schwung. So können Sie auf ganz natürliche Art »entschlacken« und Ihren Körper von schädlichen Stoffen befreien. Doch das ist noch nicht alles: Das letzte Kapitel dieses Buches hält zahlreiche Hinweise für Sie bereit, wie Ihnen Molke bei über 30 Beschwerden und Krankheiten helfen kann.
Darüber hinaus enthält dieser Ratgeber Anregungen und Tips, um mit Molke Haut und Haare zu pflegen und zu regenerieren. Denn die wertvollen Inhaltsstoffe wirken auch von außen. Überzeugen Sie sich selbst davon: Mit Molke-Kosmetika, die Sie dank einfacher Rezepturen schnell selbst herstellen können.
So läßt sich mit der Molke ein Rundum-Wellness-Programm entwickeln, mit dem Sie Ihren ganzen Körper entgiften und lästige Fettpölsterchen bekämpfen. Viele Erfolg und Freude beim Ausprobieren der zahlreichen Rezepte und Hinweise wünscht Ihnen

Friedrich Bohlmann

Molke – der moderne Fitnessdrink

Er enthält kein Fett, aber viele Fitmacher, reichlich Flüssigkeit und außerdem noch zahlreiche Stoffe, die den Körper entschlacken, aber nicht belasten – so sieht der ideale Fitness-Drink aus. Das Rezept dafür stammt nicht aus den modernen Labors der Ernährungsindustrie, sondern aus der Natur: Es geht um die Molke. Sie versorgt den Körper mit Aktivstoffen, die den Stoffwechsel ankurbeln. Ihre Eiweißqualität wird von keinem anderen Lebensmittel erreicht, und ihre Mineralstoffe und Vitamine stärken Knochen, Muskeln und Nerven. Kein Wunder, daß Molke zum Trendgetränk wird!

Heilmittel seit dem Altertum

Molke ist eines der ältesten überlieferten Heilmittel. Schon ägyptische Königinnen badeten darin – und antike Ärzte empfahlen sie ihren Patienten gegen viele Beschwerden. Auch im Mittelalter sagte man der Molke Heilkraft bei Verstopfung und Gallenbeschwerden nach: »Molken wischt ab, dringet ein, wo Verstopfung, Galle sayn«, heißt es in einer Originalhandschrift aus dem 12. Jahrhundert.

Die Sprache der Medizin kennt Molke unter dem lateinischen Namen »Serum lactis«, was übersetzt nichts anderes als »Milchserum« heißt. Dieser Begriff verdeutlicht sehr gut, wie die Molke entsteht: Wenn die Milch sauer wird, gerinnt sie, und feste Bestandteile setzen sich ab. Dabei entsteht Quark beziehungsweise Käse, und die Molke bleibt als Flüssigkeit zurück (siehe auch Seite 11 f.).

Bestes aus der Milch

Wovon schon Homer erzählte

In einem der ältesten und auch berühmtesten Werke der Weltliteratur beschrieb Homer bereits vor fast 3000 Jahren derb, aber zutreffend die Wirkung der Molke. Im 17. Gesang der Odyssee heißt es: »Molken sollt' er mir saufen, um Fleisch auf die Lenden zu kriegen!« Man darf also annehmen, daß die Molke im alten Griechenland ein anerkanntes Stärkungsmittel war, das man zu sich nahm, um bei Kräften zu bleiben und Muskeln aufzubauen. Sicher tranken auch die Olympioniken des klassischen Griechenlands Molke, um ihre Leistung zu steigern. Einige hundert Jahre nach Homer beschrieb Hippokrates (460–377 v. Chr.), der Vater der Heilkunde, Molke als Mittel gegen Gicht und Leberbeschwerden. Er prägte den Satz: »Laßt unsere Heilmittel Lebensmittel und unsere Lebensmittel Heilmittel sein.« Das beste Beispiel dafür ist die Molke. Viele mögen sie als erfrischenden Drink, der, mit Säften gemixt, sehr lecker schmeckt. Gleichzeitig wirkt Molke dank ihrer Inhaltsstoffe auch bei vielen Alltagsbeschwerden heilend.

Bewährtes Heilmittel

Zu Zeiten des Hippokrates konnte natürlich noch niemand naturwissenschaftlich erklären, warum Molke bestimmte Erkrankungen heilen konnte. Die Erfahrung zeigte jedoch, daß Molkekuren oft gegen Verdauungsprobleme, Nierenbeschwerden und allgemeine Körperschwäche halfen. Viele berühmte Ärzte verordneten daher ihren meist königlichen und kaiserlichen Patienten Molke als Arznei. So behandelte der römische Arzt und Gelehrte Galen (129–199 n. Chr.) den römischen Kaiser Marc Aurel mit Molke. Er kombinierte die Molkekur mit Heilpflanzen, indem er Molke aus Milch von Ziegen und Kühen nutzte, die mit bestimmten Heilkräutern gefüttert wurden. Neben dieser »Heil-Molke« gab er seinen Patienten Kräuter und Pflanzensäfte. Er betreute zeitweise einen der ganz frühen Kurorte zwischen Neapel und Sorrent, den »Molkeberg«. Hier erforschte man die gesundheitliche Wirkung der Molke und entwickelte Molkekuren.

Gegen viele Beschwerden wirksam

Kleopatras Schönheitsgeheimnis

Die ägyptische Kaiserin Kleopatra ließ ihre Badewanne nicht nur mit Eselsmilch, sondern auch mit Molke füllen. Denn das Molkebad machte ihre Haut geschmeidig und weich, weil die Milchsäure in der Molke reinigt und desinfiziert. Außerdem wirkt ein Molkebad wie ein sanftes Peeling. Es löst ältere Hautschüppchen ab, die die Haut grau und fahl aussehen lassen.

Molke macht schön, fit und gesund

Heute enthalten immer mehr wertvolle Naturkosmetika von der Seife bis zum Shampoo pflegende Molkebestandteile (siehe auch Seite 77). Und weil man Molke in Form von Pulvern und Granulaten günstig kaufen kann, ist heute ein pflegendes Molkebad für jeden erschwinglich, selbst wenn er weder Kleopatra noch Krösus ist.

Molke für arm und reich

Aber nicht nur die Schönen und Reichen, auch die Bauern und Dienstleute auf dem Land verwendeten die Molke über viele Jahrhunderte hinweg als billiges, immer vorhandenes und sehr wirkungsvolles Volksheilmittel. Sie nahmen es, wann immer etwas schmerzte oder ihre Leistungskraft nachließ. Denn ihnen fehlten die teuren Medikamente, sie waren auf Naturheilmittel angewiesen. Und oft wirkten solche Hausmittel überraschend gut.

Als im 18. Jahrhundert der Trend zur Natur erwachte, erlebte die Molke als Modemedikament der damaligen High-Society einen neuerlichen Aufschwung. Der Schweizer Mediziner Auguste Tissot sprach 1779 von der Molke als »einem der größten Heilmittel«.

Zurück zur Natur – mit Molke

Die ersten wissenschaftlichen Arbeiten erschienen über das wiederentdeckte Wundermittel. In der Schweiz, in Österreich und in etlichen deutschen Kleinstaaten entstanden Molke-Kurorte, wo neben herkömmlichen Kuranwendungen die Molke im Mittelpunkt stand: Molke noch vor dem Frühstück, als Einlauf und Badezusatz, um den Darm zu reinigen und die Haut zu pflegen. Vor etwa 200 Jahren hatten die wenigen, die es sich leisten konnten, die Wahl zwischen 160 Molke-Kurorten. Dazu zählten beispielsweise die deutschen Bäder Harzburg, Reichenhall und Aibling, die Schweizer Kurorte Gais, Vevey und Interlaken. Auch Bad Ischl im österreichischen Salzkammergut sowie Bad Kissingen und Wildbad Kreuth im damaligen Königreich Bayern haben ihren Weltruhm der Molke zu verdanken. Hier traf sich der europäische Hochadel: das österreichische Kaiserpaar, Sisi und Franz Joseph, der bayerische König mit seiner Familie und 1838 auch die russische Zarin Alexandra Feodorowna, die Frau von Nikolaus I.

Molkekuren kommen in Mode

Auch die legendäre Kaiserin Sisi kurte schon mit Molke.

Molkekuren einst und jetzt

Die damaligen Molkeärzte empfahlen den Kurenden, einen viertel Liter Frischmolke auf nüchternen Magen und in kleinen Portionen zu trinken. Drei Wochen dauerte damals im Schnitt ein normaler Kuraufenthalt. Massagen, Bäder und Heilkräutersäfte ergänzten meist die Entschlackungskur.

Ideal auch für zu Hause

Heute gibt es (fast) keine Frischmolke mehr. Weil sie sehr schnell schlecht wird, verarbeitet man sie sofort zu unterschiedlichen Molkeprodukten weiter, die Sie in jedem Reformhaus und in vielen Supermärkten finden. Sie können daher eine Molkekur jederzeit problemlos und günstig zu Hause durchführen, ohne daß Sie dafür Urlaub nehmen müssen. Ab Seite 54 erfahren Sie ganz genau, wie Sie am besten mit Molke entschlacken und abnehmen.

Wie entsteht Molke?

Molke – das Serum der Milch

Könnten Sie auf Anhieb genau erklären, was Molke ist? Daß sie irgendwie aus Milch gewonnen wird und sehr gesund sein soll, wissen die meisten. Doch wie sie genau entsteht, daß es zwei unterschiedliche Molkearten gibt und jeder seine Molke auch ganz einfach selbst herstellen kann, ist den wenigsten bekannt.
Molke bleibt zurück, wenn Milch stockt oder gerinnt. Daher hat sich auch der Begriff »Milchserum« für die Molke durchgesetzt. Er kommt aus der Medizinersprache: Dort bezeichnet man die Flüssigkeit, die übrigbleibt, wenn Blut gerinnt, als Serum.

Schritt für Schritt von der Milch zur Molke

Sie können Ihre Molke auch selbst herstellen (siehe Seite 55)

Um Milch haltbar zu machen, muß man sie dicklegen. Die Wärme und die auch in der Luft vorhandenen Milchsäurebakterien tragen dazu bei, daß die Milch stockt und Dickmilch entsteht. Die Milchsäurebakterien finden nämlich in der Milch eine gute Nährstoffquelle und vermehren sich schlagartig. Sie sorgen dafür, daß sich andere Bakterien kaum ausbreiten und die Milch verderben können. Außerdem reagiert die Milchsäure mit dem Milcheiweiß: Das Eiweiß verklumpt, die Milch flockt langsam aus, und es bildet sich eine feste Schicht. Wird diese Dickmilch erwärmt, verklumpt das Eiweiß noch stärker, und an der Oberfläche setzt sich die grünliche Molke ab.

Wichtig: Die Milchsäurebakterien

Molkereien setzen der Milch bestimmte Milchsäurebakterien zu, sogenannte »Säurewecker«, um Dickmilch oder Quark herzustellen. Soll aus der Milch ein harter Käse werden, gibt man außerdem Labenzyme zu. Sie wurden früher aus den Mägen von Kälbern gewonnen, mittlerweile ersetzen meist künstlich hergestellte Enzyme das Lab. Diese verändern das Milcheiweiß – es entsteht der Bruch, eine gallertartige Masse. Mit sogenannten Harfen durchschneidet man den Bruch immer wieder, so daß die Molke leicht austreten kann. Zurück bleibt schließlich der sogenannte »Käsebruch«. Er wird gepreßt und in Kühl- und Reiferäumen gelagert, damit er fest und aromatisch wird.

Süß oder sauer – nicht nur eine Geschmacksfrage

70 Prozent der Molke entsteht in den Käsereien

Es gibt zwei Arten von Molke: Sauer- und Süßmolke. Erstere entsteht bei der Herstellung von Dickmilch, Quark und Sauermilch. Diese bilden sich allein durch die Wirkung von Milchsäurebakterien. Die Bakterien bilden aus dem süßen Milchzucker reichlich Milchsäure, deshalb schmeckt die dabei entstandene Molke sehr sauer. Anders bei der Käseherstellung: Hier sorgen die zugesetzten Enzyme dafür, daß die Milch relativ schnell dick wird. Dabei sind nur wenige Milchsäurebakterien am Werk, die entsprechend weniger Milchsäure herstellen. So bleibt mehr Milchzucker übrig: Süßmolke entsteht.

Heute ist Süßmolke die Grundlage der meisten Molkeprodukte. Allerdings gibt es auch Produkte aus Sauermolke. Sie unterscheiden sich nicht nur im Geschmack. Produkte aus Sauermolke haben meist eine stärkere medizinische Wirkung (siehe ab Seite 82), denn sie enthalten mehr Milchsäure als die aus Süßmolke hergestellten Produkte.

Süßmolke wird bei der Herstellung von Käse gewonnen.

Nachdem die Molke vom Käse oder Quark getrennt wurde, muß sie rasch weiterverarbeitet werden, denn schon nach wenigen Stunden schmeckt sie muffig. Vor allem Süßmolke kann nach ein paar Stunden nur noch als Viehfutter verwendet werden, weil sich Abbauprodukte bilden, die den Geschmack verderben. So haben sich die Käsereien unterschiedliche Verfahren überlegt, um Molke haltbar zu machen: Häufig preßt man die Molke durch feinste Filter, um sämtliche Käsebestandteile abzutrennen und das reine Milchserum zu gewinnen. Einige Firmen pasteurisieren die Molke, um die Bakterien abzutöten. Andere leiten zwei Sekunden lang heißen Wasserdampf hinein, wie beim Aufschäumen der Milch für den Cappuccino. Danach wird die Molke schockartig abgekühlt, so daß die wertvollen Inhaltsstoffe weitestgehend erhalten bleiben. Durch diese Verfahren läßt sich Molke verarbeiten, transportieren und einige Wochen kühl lagern, ohne schlecht zu werden.

Molke wird haltbar gemacht

Was macht die Molke so gesund?

Hochwertiges Geheimnis

Molke enthält zahlreiche wertvolle Stoffe: Vitamine und Mineralstoffe, die uns gesund erhalten, ein ganz besonderes Eiweiß und kein Fett – diese Zusammensetzung macht Molke zu einem Getränk, das gesund ist, schön macht und schmeckt.

Molkeneiweiß – es gibt kein besseres

Eiweiß besteht aus vielen Einzelbestandteilen, den Aminosäuren. Insgesamt kennen wir 20 Aminosäuren, zwölf davon kann der Körper selbst bilden, die restlichen acht müssen wir mit der Nahrung aufnehmen. Fehlt eine, so kann der Körper aus dem Eiweiß keine Muskeln, Enzyme, Zellen und Gewebe bilden.
Ob das Eiweiß eines Lebensmittels genau das ist, das wir brauchen, hängt ganz von der jeweiligen Kombination seiner Aminosäuren ab. Je besser diese Kombination für den Menschen ist, desto wertvoller ist das Lebensmitteleiweiß. Vergleicht man die biologische Wertigkeit unterschiedlicher Lebensmittel miteinander, so ist das Molkeneiweiß allen anderen weit überlegen. Seine Eiweißgüte liegt noch über der von Eiern, Fleisch oder Fisch. Molke zeichnet sich durch eine so gute Eiweißzusammensetzung aus, daß wir nur wenig davon brauchen, um daraus eigenes Körpereiweiß aufzubauen.
Bodybuilder nutzen diese hohe Eiweißqualität, um mit hochkonzentrierten Molke-Eiweißdrinks den Muskeln den optimalen Powermix anzubieten. Unter den vielen Molke-Eiweißkonzentraten können die leider in der Regel sehr teuren Molke-Hydrolysate (siehe auch Übersicht Seite 28 f.) besonders gut vom Körper verwertet werden.

Oft von Sportlern genutzt

Mit wenig Eiweiß gut auskommen

Eine ideale Kombination

Es gibt schwere Erkrankungen wie Nieren- oder Leberstörungen, bei denen man mit wenig Eiweiß auskommen muß, weil der Körper bereits einen geringen Eiweißüberschuß schwer abbauen und ausscheiden kann (siehe Seite 88 und 89). Die erkrankten Menschen brauchen eine spe-

WICHTIG

Eiweißstoffe für die Abwehr

Wissenschaftler entdeckten, daß spezielle Molkeneiweiße so aufgebaut sind, daß sie das Immunsystem anregen. So enthält die Molke ein Eiweiß, das im Körper zu Glutathion umgebaut wird. Glutathion zählt zu den aktivsten Entgiftungssubstanzen. Es kann aggressive freie Radikale abfangen, die ansonsten Zellwände und Zellkerne angreifen würden (siehe auch Kasten Seite 40). Andere Eiweißstoffe der Molke (Globuline und Albumin) regen den Körper dazu an, mehr Antikörper zu bilden, um einen Bakterienangriff besser zu überstehen. Mäuse, die mit Molkeneiweiß gefüttert wurden, steigerten meßbar ihre Abwehrkraft. Forschungen ergaben auch, daß das Molkeneiweiß Darmkrebs verhindern kann.

Abwehrstoffe aus der Molke

Genau richtig für eine Spezialdiät

zielle Diät, die sehr hochwertiges Eiweiß liefert. Bei solchen Erkrankungen eignet sich deshalb eine Molkediät besonders gut. Auch beim Fasten hilft Molke: Man will möglichst wenig Kalorien aufnehmen, um Pfunde zu verlieren. Fehlt aber das Eiweiß, verliert man nicht nur Fett, sondern auch Muskeln. Denn wenn der Körper kein Eiweiß über die Nahrung erhält, muß er eigenes Eiweiß abbauen. Molke kann helfen, diesen Eiweißabbau zu verhindern: Wie kein zweites Lebensmittel liefern Molkeprodukte (siehe Seite 28 f.) wenig Kalorien und viel hochwertiges Eiweiß. Auch Schwerkranke, die oft durch fehlenden Appetit, schwere Durchfälle und die für den Körper anstrengende Krankheit stark abnehmen, können mit Hilfe von Spezialpräparaten aus Molkeneiweiß wieder zunehmen. Der erstaunliche Heileffekt des Molkeneiweißes konnte an AIDS-Patienten nachgewiesen werden. Möglicherweise liegt die Heilkraft der Molke hierbei nicht nur in der hohen biologischen Wertigkeit seines Eiweißes, sondern auch in bestimmten Eiweißstoffen, die dem Immunsystem neue Kraft geben.

Kalium – das Entschlackungsmineral

Kalium wirkt wie ein Wasserwerk im Körper. Es versorgt die Zellen mit ausreichend Flüssigkeit, sorgt aber auch dafür, daß ein Zuviel an Wasser aus den Zellen und dem Gewebe abtransportiert wird. So tragen gute Kaliumquellen wie Kartoffeln, Getreide, Kohl, Champignons und auch Molke dazu bei, daß die Füße nicht anschwellen, auch wenn Sie den ganzen Tag auf den Beinen waren. Daß der Entschlackungseffekt auch der Gesundheit guttut, konnten japanische Wissenschaftler nachweisen: Eine kaliumreiche Ernährung regulierte zu hohen Blutdruck und schützte vor einem Herzinfarkt.

Kalium-reiche Gemüse-sorten

Kalium für kurze Sprints

Natürliche Fitness für Sportler

Der Körper benötigt Kalium nicht nur, um zu entschlacken und überflüssiges Wasser auszuscheiden. Kalium ist auch für einige Stoffwechselenzyme unentbehrlich. Außerdem braucht der Körper Kalium, um in der Leber und im Muskel seine Zuckerspeicher aufzubauen. Dies sind die Kurzzeitspeicher des Körpers. Sie werden rasch geleert, wenn der Körper beispielsweise bei einem Sprint oder beim Treppensteigen in kurzer Zeit viel Energie verbrennt. Sind dann nicht genug schnell verfügbare Reserven vorhanden, muß der Stoffwechsel in der Muskelzelle Milchsäure bilden, um rasch ausreichend Energie zu gewinnen. Ein Zuviel an Milchsäure im Muskel und kleinste Muskelfaserrisse führen dann zum Muskelkater. Ohnehin würde sich ohne Kalium kein Muskel rühren, weil erst dieser lebenswichtige Mineralstoff es möglich macht, daß sich ein Muskel zusammenzieht. Deshalb achten besonders Sportler darauf, genügend Kalium aufzunehmen. Sie brauchen besonders viel, verlieren sie doch mit jedem Liter Schweiß 300 bis 400 Milligramm dieses natürlichen Fitness-Stoffes.

Molke beugt dem Mangel doppelt vor

Den Darm gesund erhalten

Ein schwerwiegender Kaliummangel kann rasch entstehen: Wer unter Durchfall leidet, verliert nicht selten bis zu 17 Gramm Kalium am Tag – weit mehr, als man normalerweise aufnimmt. Außerdem ist dann der Darm so geschädigt, daß auch die Kaliumaufnahme über die Darmschleimhaut nicht optimal funktioniert. Hier hilft die Molke doppelt. Schon ein Becher (500 Milliliter) deckt mehr als ein Drittel des täglichen Kaliumbedarfs. Außerdem enthält die Molke Milchsäure und Milchsäurebakterien. Diese helfen bei Darmbeschwerden, denn sie vernichten schädliche Bakterien im Darm und bekämpfen somit gleichzeitig Auslöser und Folgen eines Durchfalls. So hält Molke auch bei kleinen Darmproblemen fit und stärkt die Abwehrkraft.

Kalzium – der Baustein fürs Leben

Allein in den Knochen eines Erwachsenen stecken zwei bis drei Pfund Kalzium. In solch großen Mengen ist kein anderer Mineralstoff in unserem Körper vorhanden. Doch nicht nur die Knochen brauchen unbedingt Kalzium: Das Blut würde ohne Kalzium nicht gerinnen, zahlreiche Enzyme nicht wirken, die Muskeln schlappmachen und die Nerven keine Impulse weiterleiten. Kalzium übernimmt also viele Aufgaben in unserem Körper. Um so schlimmer, daß wir in der Regel nicht genug davon aufnehmen, um unsere Gesundheit stabil zu halten. Mit Molke können Sie einen Mangel aber schnell beheben: Schon mit einem 500-ml-Becher decken Sie mehr als ein Drittel Ihres Tagesbedarfs. Darüber hinaus trägt der in der Molke enthaltene Milchzucker dazu bei, daß Ihr Darm das Kalzium optimal aufnehmen und verwerten kann.

Mineralstoff mit vielen Aufgaben

Gerade Frauen müssen auf ausreichende Kalziumzufuhr und genügend Bewegung achten.

Der Osteoporose in der Jugend vorbeugen

Ein Kalziummangel bleibt oft über Jahre hinweg unerkannt, denn er macht sich meist erst im Alter bemerkbar, wenn die Knochen langsam abgebaut werden. Dabei stellt sich dann heraus, ob sich in den Jahren zuvor genügend Kalziumvorräte in den Knochen ansammeln konnten. Ist das nicht der Fall, entkalken die Knochen nämlich so stark, daß sie brüchig werden. Die meisten kennen diese schwere und häufige Erkrankung mittlerweile auch unter ihrem wissenschaftlichen Namen Osteoporose. Frauen sind davon besonders oft betroffen.

Die Krankheit läßt sich nur unzureichend mit Hormonen und Kalziumgaben behandeln. Oft führt schon ein kleiner Sturz zu den gefürchteten Schenkelhalsbrüchen. Es dauert dann lange, bis der gebrochene Knochen wieder heilt. Um Osteoporose wirksam vorzubeugen, ist es nötig, schon in der Jugend auf eine ausreichende Kalziumzufuhr zu achten.

Molkegenuß hilft vorbeugen

TIP!

So steigern Sie Ihre Kalziumaufnahme

- Halten Sie sich häufiger in der Sonne auf. Sonnenlicht sorgt dafür, daß der Körper viel Vitamin D bildet, und dieses Vitamin D hilft dem Körper, Kalzium optimal zu verwerten. Fehlt die Sonne, dann können Sie das Vitamin D auch mit viel Pilzen, Fisch oder Kalbfleisch aufnehmen.
- Bewegen Sie sich so oft wie möglich. Denn die Knochen müssen belastet werden, um viel Kalzium einzulagern.

Auch Bewegung ist wichtig

Bollwerk gegen Allergien

Die Zahl der Allergiker nimmt immer mehr zu, doch etliche könnten mit einer Extraportion Kalzium ihre Beschwerden mildern. Gerade bei leichten Allergien hilft Kalzium, die Zellen abzudichten, so daß die bei Allergien häufig auftretenden Hautbläschen gar nicht erst entstehen. Außerdem drosselt Kalzium den Ausstoß von Histaminen, die für viele gefürchtete Allergiesymptome verantwortlich sind, wie zum Beispiel Rötungen, Pusteln und Juckreiz. Fragen Sie Ihren Arzt nach Kalziumpräparaten, und achten Sie selbst auf eine kalziumreiche Ernährung.

Blaue Flecken als Warnhinweis

Weil ein Kalziummangel die Blutgerinnung erschwert, können unter Umständen blaue Flecken ein erster Hinweis darauf sein, daß es Ihrem Körper an Kalzium fehlt. Denn kleine Verletzungen oder Stöße, die Sie kaum wahrnehmen, lösen unter der Haut eine Blutung aus. Normalerweise können Enzyme diese Blutung sofort stoppen, indem sie das Blut zum Gerinnen bringen, so daß es nicht mehr aus den feinen Adern ins Hautgewebe fließt. Fehlt Kalzium, gerinnt das Blut nicht, sondern breitet sich unter der Haut aus. Meist ist der dann entstehende blaue Fleck absolut harmlos, weil bereits sehr geringe Blutmengen zu einem Bluterguß führen können.

Alarmzeichen: häufige Blutergüsse

Wenn Sie jedoch häufiger blaue Flecken haben, deren Ursache Sie sich nicht erklären können, sollten Sie Ihren Kalziumspiegel vom Arzt untersuchen lassen. Ist er zu niedrig, helfen Milchprodukte. Sie liefern reichlich Kalzium und unterstützen gleichzeitig den Körper dabei, diesen Mineralstoff bestmöglich zu verwerten.

Milchprodukte sind die besten Kalziumquellen

Optimale Zusammensetzung

Natürlich können Sie Ihren Kalziumbedarf auch mit Sojaprodukten, viel Brokkoli, Grünkohl und Kohlrabi decken. Einfacher und effektiver geht es jedoch mit Milch und Milchprodukten. Sie sind wie geschaffen, um den großen Kalziumhunger unseres Körpers von etwa 900 Milligramm pro Tag zu stillen. Denn sie verwöhnen ihn nicht nur mit Kalzium, sondern auch mit Milchzucker. Milchzucker kann im Darm die Aufnahme von Kalzium fördern. Das macht insbesondere aus Süßmolke und Süßmolkepulver mit einem hohen Anteil von Milchzucker und Kalzium einen optimalen Kalziumlieferanten.

Milchzucker – die gesunde Süße

Gesunder Genuß für groß und klein

Schon in der Wiege wurde uns durch den Milchzucker das Leben versüßt: Er ist der einzige Zucker in der Muttermilch und für jedes Baby wichtig, damit sich im Darm gesunde Bakterien ansiedeln können und sich eine gute Darmflora bildet. Milchzucker schadet auch nicht den Zähnen, da sich die Kariesbakterien von diesem Zucker nicht ernähren können. Daher ist die Süße in der Molke ein Genuß ohne jede Reue.

Bringt den trägen Darm auf Touren

Was den Darm in den ersten Monaten des Lebens funktionstüchtig macht, das hilft ihm auch, wenn in späteren Jahren die Verdauung streikt. Milchzucker kann die Darmbewegung positiv beeinflussen, denn er bleibt länger im Darm als der normale Haushaltszucker. Dabei nimmt er sehr viel Wasser auf. Der Darm füllt sich und wird dadurch angeregt, sich zu bewegen.

Wie Sie Verstopfungen schonend beseitigen

Eine Verstopfung können Sie deshalb mit Milchzucker sehr schnell beseitigen. Außerdem ernähren sich Millionen nützlicher Darmbakterien vom Milchzucker und setzen ihn in Milchsäure um. So sorgt der Milchzucker für eine intakte Darmflora. Außerdem kann die entstandene Milchsäure ebenfalls den Darm anregen und eine Verstopfung auflösen. Allerdings sollten Sie mit reinem Milchzucker Ihren Darm nur im Notfall kurieren. Mit den Milchzuckermengen in der Molke können Sie aber jeden Tag einer Darmträgheit wirkungsvoll vorbeugen und auch leichte Darmbeschwerden vertreiben.

WICHTIG

Vorsicht bei Milchzucker-Unverträglichkeit

Je älter ein Mensch ist, desto größer das Risiko, daß sein Darm Milchzucker nicht verdauen kann. Wer trotzdem Milch trinkt oder Milchzucker ißt, riskiert einen starken Protest seines Unterleibs in Form von Blähungen oder Durchfall. Haben Sie den Verdacht – oder die Gewißheit –, daß Sie unter dieser Unverträglichkeit leiden, testen Sie am besten vor einer längeren Molkeanwendung, ob Sie Molke vertragen: Trinken Sie dazu ein kleines Glas Sauermolke, und warten Sie, ob innerhalb der nächsten Stunden Reaktionen wie Blähungen oder Bauchschmerzen auftreten, oder ob der Darm Sauermolke toleriert. Oft ist das der Fall, da diese weniger Milchzucker enthält als Süßmolkeprodukte.

Den Darm vorsichtig testen

Gerade bei Fastenkuren ist die abführende Wirkung der Molke sehr hilfreich: Sie erspart vielen Fastenden die Einnahme des bitteren Glaubersalzes, mit dem ansonsten ein hartnäckiger Darmstau regelmäßig aufgelöst werden müßte.

Da viele, die sich von Pfunden und Schlacken trennen wollen, auch unter einer Verstopfung leiden, tut die kalorienarme Molke dank ihres leicht abführenden Milchzuckers gleich doppelt gut. Hier sollte man ganz bewußt zu Produkten aus Süßmolke greifen. Sie müssen dafür allerdings genau auf das Kleingedruckte der Molkepackung achten. In der Regel finden Sie dort Angaben dazu, ob es sich um ein Produkt aus Sauermolke oder Süßmolke handelt. Oft bestehen die Trinkmolken aus Sauermolke, während Molkepulver meist aus Süßmolke hergestellt wird (siehe auch Übersicht Seite 28 f.).

Auf Inhaltsstoffe der Produkte achten

Milchsäure macht den Darm munter

Sauermolke, die sich zum Beispiel bei der Herstellung von Quark absetzt, enthält mehr Milchsäure als die bei der Käseherstellung entstehende Süßmolke (siehe Seite 12). Durch das nachfolgende Erhitzen oder Trocknen der Molke werden zwar Milchsäurebakterien abgetötet und damit die Säuerung gestoppt. Doch die vorhandene Milchsäure überlebt zum großen Teil und kann im Darm wichtige Funktionen übernehmen.

Besonders in Sauermolke enthalten

TIP!

Achten Sie auf den Milchsäuretyp

Je nachdem welche Milchsäurebakterien die Käserei für die Quark und Käseproduktion verwendet, enthält die Molke mehr oder weniger rechtsdrehende Milchsäure. Leider erfährt der Kunde in der Regel nicht, wie hoch der Anteil in der Molke ist. Bei einigen guten Molkeprodukten ist auf der Packung vermerkt, daß ihnen L(+)-Milchsäurebildner zugegeben wurde.

Rechts- und linksdrehende Spiegelbilder

In der Natur gibt es zwei Formen der Milchsäure, die einander wie Spiegelbilder ähneln. Die Bezeichnungen »rechts- und linksdrehend« haben Chemiker erfunden. Allerdings dreht sich die Milchsäure selbst nicht, sondern sie dreht einen einfallenden Lichtstrahl, wenn er durch die Milchsäure hindurchgeschickt wird. Dabei lenkt die rechtsdrehende Milchsäure den Lichtstrahl nach rechts und die linksdrehende nach links. Damit uns die Chemie völlig verwirrt, hat sie den beiden Milchsäure-Zwillingen auch noch schwer verständliche Kürzel gegeben. Danach ist die rechts-drehende eine »L(+)-Milchsäure«, während die linksdrehende offiziell »D(–)-Milchsäure« heißt. Auch wenn der Unterschied zwischen L(+) und D(–) nur winzig klein ist, ist er doch recht bedeutsam: Unser Körper kann nämlich nur die rechtsdrehende Milchsäure problemlos umsetzen. Vor dem Verzehr der linksdrehenden Milchsäure wurde früher sogar offiziell gewarnt. Heute weiß man, daß der Körper sie gefahrlos abbaut. Sie hat jedoch nicht die heilsame Kraft ihrer Zwillingsschwester.

Wertvoll: rechtsdrehende Milchsäure

Linksdrehende Milchsäure – unnütz, aber harmlos

Gesundes nicht nur für den Darm

Langjährige Erfahrung und einige wissenschaftliche Berichte zeigen, daß nicht nur die Milchsäurebakterien, sondern auch die Milchsäure selbst den Darm anregt und damit die Verdauung fördert. Und sie kann noch mehr: Sie unterstützt das darmeigene Immunsystem und wehrt feindliche Keime ab, die sich im Darm ansiedeln wollen. Außerdem stellten Wissenschaftler fest, daß bei einigen asiatischen Völkern, die viel milchsäurehaltige Produkte essen oder trinken, weniger häufig Krebs auftritt. Daraus kann man zwar nicht schließen, daß Molke Krebs heilt, aber sie hilft dank der Milchsäure, sich davor zu schützen.

Milchsäure kann Geschwüren vorbeugen

Orotsäure gibt neue Power

Manchmal wird die Orotsäure auch Vitamin B_{13} genannt, weil sie das Wachstum fördert und dazu beiträgt, Herz, Gefäße und Leber gesund zu erhalten. Allerdings kann der Körper Orotsäure selbst bilden. Deshalb gehört sie nicht zu den Vitaminen.

Hält jung und fit

Trotzdem sollten Sie darauf achten, daß auch Ihre Nahrung genügend Orotsäure enthält und so den Körper bei der ausreichenden Versorgung aller Organe unterstützt. Dieser Stoff verhindert nämlich, daß sich Cholesterin und Kalk in den Adern ablagern. Er kräftigt ein geschwächtes Herz, drosselt einen erhöhten Blutdruck und wird als Leberschutzstoff eingesetzt. Außerdem regt die Orotsäure das Körperwachstum an, denn sie steigert den Enzymausstoß.

Erste Hilfe gegen Streßbeschwerden

Orotsäure versorgt die Körperzellen

Orotsäure fungiert in den Körperzellen als »Mineralstoff-Schlepper« und als »Magnesium-Fixierer«. So zieht die Orotsäure das Magnesium in die Zelle – und sorgt auch dafür, daß es lange dort bleibt. Dadurch wirkt die Orotsäure Streßsymptomen entgegen. Denn bei Streß schleust die Zelle Magnesium aus und leidet danach unter akutem Magnesiummangel. Die Folge: Kopfschmerzen, schlechte Konzentration oder verspannte Muskeln. Mit Orotsäure können Sie diesen Streßbeschwerden vorbeugen.
Trinkmolke liefert nur geringe Mengen Orotsäure, aber in 100 Gramm flüssigem Molkekonzentrat finden sich bis zu 2 Milligramm, und in 100 Gramm Molkepulver sogar bis zu 146 Milligramm dieser Schutz- und Aufbausubstanz.

Vitamin B_2 – damit der Stoffwechsel läuft

Das Vitamin B_2 wird auch Riboflavin genannt, könnte aber genausogut Milchvitamin heißen. Fast 40 Prozent dieses lebenswichtigen Nährstoffs erhalten wir über Milch und Milchprodukte. Ansonsten tragen vor allem Fleisch und Fisch dazu bei, daß wir nicht unter einem Vitamin-B_2-Mangel leiden. Weil dieses Vitamin eine zentrale Rolle im Energiestoffwechsel einnimmt und darüber hinaus die Nervenfasern schützt, kann ein

Mangel zu Symptomen wie Müdigkeit, Konzentrationsschwäche, Hautproblemen und entzündeten Mundwinkeln führen.

Der Mangel ist weiblich

Männer sind in der Regel gut mit Vitamin B_2 versorgt, Frauen dagegen nehmen meist zuwenig davon zu sich. Dabei sollten gerade sie auf das Milchvitamin achten, denn sie brauchen ganz besonders viel davon in der Schwangerschaft und während der Stillzeit – dann steigt der Bedarf um bis zu 50 Prozent. Auch Medikamente wie die Anti-Baby-Pille rauben dem Körper Vitamin B_2.

Wichtig für die werdende und junge Mutter

Zwei große Gläser Molke täglich können einem Mangel vorbeugen, ohne den Körper mit Cholesterin oder die schlanke Linie mit reichlich Fett und zu vielen Kalorien zu belasten.

Falsche Diäten: Feinde des Vitamin B_2

Vor allem verschiedene Schlankheitskuren sind schuld daran, wenn die Nahrung nicht ausreichend Vitamin B_2 enthält, denn viele Diäten sparen bei Milchprodukten, Fisch und Fleisch. So fallen die wichtigsten Vitamin-B_2-Quellen weg, und neben den Fettzellen schwinden damit leider auch die ohnehin geringen Vitamin-B_2-Reserven des Körpers.

Dem Jo-Jo-Effekt entkommen

Die Folge: Der Körper macht schlapp, weil mit weniger Vitamin B_2 die Energieproduktion nachläßt. Sie fühlen sich müde, die Stoffwechselaktivität geht in den Keller und der Körper verbraucht weniger Kalorien. Dadurch wird der Abnehmerfolg geschmälert. Spätestens wenn erneut ganz normal gegessen wird, steigt das Gewicht schnell wieder an (siehe auch Seite 32).

Damit der Stoffwechsel nicht auf Sparflamme läuft, braucht er immer reichlich Vitamin B_2. Es ist deshalb empfehlenswert, beim Abnehmen jeden Tag einen 500-ml-Becher Molke zu trinken. Wenn Ihnen die pure Molke nicht schmeckt, mixen Sie sich mit Fruchtsäften leckere Molkedrinks (Rezepte zum Beispiel auf Seite 60f.).

TIP!

Pink-Drink

Rezept für 2 Gläser:
1/2 Papaya • 1 Banane • 200 ml Molke • 100 ml Kokosmilch

▶ Papaya halbieren, Kerne entfernen und das Fruchtfleisch heraustrennen. Dann die Banane schälen, mit der Papaya, Molke und Kokosmilch pürieren – fertig. Den Drink bitte sofort servieren.

Besser drauf mit dem Milchvitamin

Verschiedene Studien an den Universitäten Gießen und Göttingen belegen, daß der Mensch nach dem Ausgleichen eines Vitamin-B_2-Mangels aktiver wird und sich besser konzentrieren kann.

Gut gelaunt mit einem Molkedrink

Das sogenannte Milchvitamin wirkt sogar depressiven Verstimmungen entgegen und beschert mehr Selbstsicherheit. Molke ist dank viel Vitamin B_2 also optimal dazu geeignet, jemanden aus einem seelischen Tief herauszuholen.

Im Kasten auf Seite 22 unten finden Sie auch gleich ein Rezept zum Ausprobieren: den Pink-Drink. Dieser Molkefruchtsaftmix hilft, wenn Sie sich antriebslos, schlapp und niedergeschlagen fühlen, und bessert Ihre Stimmung dank der wertvollen Inhaltsstoffe garantiert rasch wieder!

Der Molke-Vitalcheck

Inhaltsstoff	Menge*	Was bewirkt der genannte Inhaltsstoff?
Eiweiß	820 mg	Molkeneiweiß kann der Körper optimal nutzen.
Kalium	129 mg	Kalium reguliert den Wasserhaushalt des Körpers.
Kalzium	68 mg	Wichtig für den Aufbau und Erhalt gesunder Knochen.
Milchzucker	4,0–4,7 g	Milchzucker verbessert die Aufnahme von Kalzium und ist vor allem in Süßmolke enthalten.
Milchsäure	0,5–1,0 mg	Milchsäure reinigt und aktiviert den Darm. Sauermolke enthält doppelt soviel Milchsäure wie Süßmolke.
Orotsäure	7 mg	Sie verbessert die Aufnahme von Magnesium.
Vitamin B_2	0,15 mg	Dieses Vitamin braucht der Körper, um Energie zu gewinnen.

* jeweils pro 100 ml Trinkmolke

Molkeprodukte: gesunde Vielfalt

Neben der reinen Trinkmolke gibt es noch viele andere Produkte, zu denen Molke verarbeitet werden kann (siehe auch Übersicht auf Seite 28 f.). So kann man sie beispielsweise als Pulver oder Konzentrat bekommen. Das Pulver löst man in Milch oder Wasser auf, während das Konzentrat meist wie ein Arzneimittel angewendet wird.

Pulver, Konzentrate & Co.

Molke wird zu Pulver

Um aus der flüssigen Molke ein Pulver zu machen, gibt es unterschiedliche Verfahren. Zunächst wird die Molke zentrifugiert, damit auch das restliche Fett fast vollständig entfernt wird. Danach kristallisiert sich die reine Molke heraus, indem sie eingedampft, in 200 Grad heißer Luft sprühgetrocknet oder vakuumverschlossen bei 85 Grad in Pulver verwandelt wird. Natürlich werden bei diesen Verfahren einige Vitamine und ein Teil der Milchsäure zerstört. Sie werden bei einigen Produkten danach jedoch wieder zugesetzt. Einige Hersteller geben ihren Molkepulvern auch Milchsäurebakterien zu, um auf ganz natürlichem Weg den Milchsäureverlust wieder wettzumachen. Außerdem wirken die zugesetzten Milchsäurebakterien auf den Darm (siehe Seite 18).
Sie können sich im Darm ansiedeln, um dort schädliche Bakterien zu bekämpfen und außerdem die Darmflora günstig zu beeinflussen.
Viele Diätdrinks zum Anrühren bestehen aus dem fettarmen Molkepulver. Das hochwertige Eiweiß, die Mineralstoffe und der verdauungsfördernde Milchzucker helfen, die Pfunde auf gesunde Weise zu verlieren. Sollten Sie den immer gleichen Geschmack der Molke-Diätshakes nicht mögen, können Sie das Molkepulver auch mal mit einem Obstsaft anrühren (Rezepte ab Seite 54).

Abspecken – der gesunde Weg

Auch für die meisten Babynahrungen bildet Molkepulver die Basis. Denn der Milchzucker in der Molke ist optimal für die Ernährung von Säuglingen geeignet. Das heißt aber nicht, daß Sie einem Säugling andere handelsübliche Molkeprodukte geben dürfen: Grundsätzlich sollten Kinder in den ersten Lebensmonaten am besten gestillt oder nur mit speziell für sie hergestellter Nahrung versorgt werden.

Molkekonzentrate: die intensive Wirkung

Einige Hersteller behandeln und ergänzen die Molkeprodukte so, daß sie gegen zahlreiche Alltagsbeschwerden wie ein Arzneimittel helfen. Allerdings unterscheiden sich die Herstellungsverfahren erheblich. Manche Hersteller pressen das Molkepulver durch feinste Filter, um das Eiweiß von anderen Stoffen zu trennen und reinstes Molkeneiweiß anzubieten. Andere setzen der Molkeflüssigkeit Milchsäurebakterien zu, die die Molke vergären. Danach wird das Eiweiß entfernt. Die zurückbleibende Flüssigkeit ist das Konzentrat. Hinter der Bezeichnung Molkekonzentrat können sich also viele Produkte verbergen.

Vielfältige Herstellungsverfahren

- Die eiweißreichen Konzentrate dienen hauptsächlich Sportlern zum Muskelaufbau. In speziellen Sportgeschäften findet man Produkte in verschiedenen Preislagen. Das liegt zum Teil daran, daß Molke durch wiederholtes Filtern mehr oder weniger intensiv gereinigt und von Nebenprodukten wie Mineralstoffen und Laktose befreit wird. Bei sogenannten Molkehydrolysaten wurde das Molkeneiweiß zusätzlich durch ein Enzym aufgespalten, so daß es noch besser vom Körper aufgenommen und verwertet werden kann. Auch bei schweren Krankheiten wie AIDS läßt sich damit erfolgreich ein Gewichtsverlust stoppen.

Verschiedene Einsatzmöglichkeiten

- Die flüssigen Konzentrate enthalten oft nur wenig Eiweiß, aber viel Milchsäure und Milchsäurebakterien. Sie können das Immunsystem stabilisieren und Darmprobleme kurieren.
- Welche Molkeprodukte gegen bestimmte Beschwerden helfen, erfahren Sie im letzten Kapitel ab Seite 81.

TIP!

Molke-Kwass

Kwass ist ein traditionelles Getränk aus Rußland und dem Baltikum. Es wird aus Getreide gewonnen, das in Wasser eingeweicht und mit Hefe zum Gären gebracht wird. Die sich entwickelnden Milchsäurebakterien wirken desinfizierend und immunstärkend, so daß Kwass in vielen russischen Krankenhäusern noch im vergangenen Jahrhundert als wirksames Diätlebensmittel galt. Der auch bei uns bekannte Brottrunk ist dem Kwass ähnlich. Außerdem gibt es hier in Reformhäusern auch den Molke-Kwass. Er vereint die Vorteile des Getreides mit denen der Molke. Denn für den Molke-Kwass wird das Getreide nicht in Wasser, sondern in Molke angesetzt. Das säuerliche Getränk enthält daher neben den bekannten Inhaltsstoffen der Molke auch sehr viel Magnesium, Zink und Milchsäure.

Ideal für den Job: schnell gemischte Drinks aus Wasser, Säften und Molkepulver.

Molkepulver: Schlankmacher mit dickem Fragezeichen

Weil dem Molkepulver das Fett fast vollständig fehlt, kamen findige Diätexperten schon vor einigen Jahrzehnten auf den Gedanken, daraus eine Diätkost zu entwickeln. Angereichert mit vielen Vitaminen und Mineralstoffen, aufgepeppt mit Aromen und häufig auch in Form von Suppen oder Shakes sollen solche Molke-Mahlzeiten das Abnehmen zum Kinderspiel machen. Der Vorteil: Molke enthält ein so hochwertiges Eiweiß (siehe Seite 13f.), daß schon geringe Mengen davon den Eiweißbedarf decken können. Und weniger Eiweiß bedeutet auch weniger Kalorien. Die Nachteile solcher Molkediäten zum Anrühren oder Aufkochen sollen nicht verschwiegen werden: Es ist nicht gerade billig, sich von solchen Pulvern zu ernähren. Außerdem werden Sie vermutlich bald keinen Appetit mehr auf die immer gleichen Geschmacksrichtungen haben. Den gewichtigsten Nachteil merken Sie aber erst, nachdem Sie dank Molkepulver ein paar Pfunde verloren haben. Sie lernen nämlich während einer solchen Diät nicht, den Dickmachern aus dem Weg zu gehen und mit weniger Fett auszukommen. So werden Sie weiterhin die alten Ernährungsfehler machen und im Nu wieder zunehmen. Das treibt nicht nur Ihre Pfunde in die Höhe, sondern auch Ihren Frust über die vergebliche Diät. Wie Sie mit Molke richtig abnehmen, lesen Sie im Kapitel 2 ab Seite 32.

Vor- und Nachteile einer »Pulverdiät«

Kein Lerneffekt

Zahlreiche Produkte – viele Einsatzmöglichkeiten

Mit dem Fitnesstrend erlebte auch Molke ein Comeback. Denn um die ausgeschwitzten Mineralstoffe wieder aufzunehmen und das begehrte Muskeleiweiß zu erhalten ohne Fett anzusetzen, ist Molken-Eiweißpulver optimal. Doch Experten raten von einer solchen »Eiweißmast« ab. Nur Leistungssportler und schwer trainierende Bodybuilder brauchen mehr Eiweiß, als unsere ohnehin eiweißreiche Ernährung liefert.

Eiweiß-pulver oft unnötig

Ganz anders jedoch die eiweißarme Trinkmolke: Reich an Vitaminen und Mineralstoffen, eignet sie sich ideal für Freizeitsportler. Neben den Mineralstoffen liefert Molke auch viel Flüssigkeit und gleicht damit den Schweißverlust aus. Außerdem kann der Körper Molke gut aufnehmen, weil weder Fett noch Eiweiß den Verdauungstrakt belasten.

Sportliche Alternative: Trinkmolke

Mit Molke heilen?

Vitamine, Mineralien, Ballaststoffe und manch andere Zusätze werden der Molke zugegeben, damit ihr Gesundheitswert noch steigt. »Functional Food« nennen das moderne Lebensmittelhersteller. Ob die Zusätze eine »Funktion« haben, ob wir sie brauchen, wird allerdings oft nicht hinterfragt. Mit ihnen verwandelt sich die Molke schon fast in ein Medikament. Doch nur wenige Molkepräparate sind tatsächlich als Arzneimittel zugelassen. Ihre Milchsäure und Eiweißstoffe können die Abwehr stärken und bei manchen Alltagsbeschwerden helfen. Dazu erfahren Sie im letzten Kapitel (Seite 81 ff.) mehr.

Wie gut die Molke ist, hängt von der Milch und den Milchsäurebakterien ab, aus und mit denen die Molke gewonnen wird. Außerdem entscheidet der Herstellungsprozeß, wie viele Nährstoffe beim Reinigen und Konservieren der Molke zerstört werden. In der Nährwerttabelle auf Seite 23 können also nur Durchschnittswerte angegeben werden, die je nach Herstellung manchmal überschritten und manchmal auch nicht erreicht werden.

Wenn Sie häufiger Molke trinken und auf beste Qualität Wert legen, lohnt es sich, die Molke selbst herzustellen. Das Rezept dazu finden Sie auf Seite 55. Diese Molke enthält alle natürlichen Milchsäurebakterien und Vitamine. Der einzige Nachteil: Sie hält sich nicht lange. Aber bei einer Kur wird die Molke ja ohnehin sofort getrunken. Und den bei der Molkeproduktion entstandenen leckeren Quark können Sie im Kühlschrank einige Tage aufbewahren oder auch gut einfrieren.

Köstliches Neben-produkt: Quark

Molkeprodukte im Überblick

Name des Produkts	In welcher Form im Handel erhältlich?	Zusammensetzung, Wirkung, Besonderheiten	Vor allem geeignet…
Trink-molke 	als Portionspäckchen zum Mitnehmen, andere im Becher, verschiedene Geschmacksrichtungen, teilweise mit Vitamin E oder Molkeneiweiß angereichert	besteht entweder aus reiner Sauermolke oder enthält verschiedene Zusätze (zum Beispiel Aromen, Vitamine)	zum Abnehmen und Entschlacken, für Sportler
Mixgetränke mit Molke	verschiedene Geschmacksrichtungen, einige kohlensäurehaltig, Schweizer Produkte mit Säften gemischt	immer mit Zusätzen, enthält meist relativ wenig Molke (30 Prozent oder weniger)	je nach Zusammensetzung zum Abnehmen und Entschlacken, für Sportler und zum Genießen
Molkesoftgetränke	mit unterschiedlichen Aromastoffen, Zucker oder Süßstoffen, teilweise mit grünem Tee angereichert	Molke mit Wasser verdünnt und mit Kohlensäure versetzt	zum Genießen
Molkepulver	Pulver, auch als Ziegenmilchpulver erhältlich	meist aus Süßmolkepulver, teilweise werden Milchsäurebakterien zugesetzt	zum Abnehmen und Entschlacken, für Sportler; Ziegenmilchpulver besonders für Allergiker geeignet
Molkepulver für Diäten	Pulver in unterschiedlichen Geschmacksrichtungen	meist aus Süßmolkepulver, teilweise mit Vitaminen und Mineralstoffen angereichert	zum Abnehmen

AME ES PRODUKTS	IN WELCHER FORM IM HANDEL ERHÄLTLICH?	ZUSAMMENSETZUNG, WIRKUNG, BESONDERHEITEN	VOR ALLEM GEEIGNET...
OLKEKONZENTRAT	flüssig; auch als Molkebonbon erhältlich	einige als Nahrungsmittelergänzung und Hautmittel geeignet	für spezielle Heilzwecke (Seite 81 ff.)
OLKEPROTEIN-ONZENTRAT	in Pulverform; erhältlich vor allem in Sportgeschäften	Eiweißpulver	wird von manchen Leistungssportlern verwendet (stark umstritten)
OLKEPROTEIN-YDROLYSAT	in Pulverform; erhältlich vor allem in Sportgeschäften	durch Enzyme aufgespaltenes Molkeneiweißpulver, besonders leicht verdaulich	insbesondere für Leistungssportler, für spezielle Heilzwecke (Seite 81 ff.)
OLKERIEGEL	Müsliriegel aus Molkepulver in verschiedenen Geschmacksrichtungen	zum Teil mit Vitaminen und anderen Zusatzstoffen angereichert, häufig recht kalorienreich	zum Genießen
OLKESUPPE	als Tütensuppe	Molkepulver mit verschiedenen Zusätzen (Aromen, Gewürzen)	zum Abnehmen und Entschlacken, für Sportler
OLKE-KWASS	als Getränk	in Molke vergorener Getreidetrunk	zum Abnehmen und Entschlacken, für Sportler und teilweise für Heilzwecke (Seite 81 ff.)

Schlank, fit und schön mit Molke

Sie wollen Ihr Gewicht in den Griff bekommen, dabei fit werden und gleichzeitig Ihre Haut verwöhnen? Molke macht's möglich! Denn die Molke enthält fast keine Kalorien und nicht ein einziges Gramm Fett. Da schrumpfen die Fettzellen, ohne daß Gesundheit und Fitness leiden. Dafür sorgt auch die Mischung aus hochwertigem Eiweiß, lebenswichtigen Vitalstoffen und darmaktivierender Milchsäure. Studien beweisen, daß mit Molke das Abspecken leichterfällt.
Doch damit nicht genug: Sie können mit Molke auch Ihre Schönheit pflegen. Gönnen Sie sich also häufiger eine Molke-Wohlfühlkur.

Gewicht verlieren, Lebensfreude gewinnen

Jeder dritte Deutsche bringt zu viele Kilos auf die Waage, und noch mehr Menschen sind unglücklich über ihre Figur. Kein Wunder, daß die meisten eine oder mehrere Diäten ausprobieren. Besonders Frauen sind ständig auf der Suche nach einer Möglichkeit, ihre Figur zu verbessern: Etwa jede zweite hat schon mindestens eine Diät gemacht. Und auch die Männer schließen sich dem Abnehmprogramm ihrer Partnerin immer häufiger an.

Leider finden sich in der Regel wenige Monate nach einer Diät die Pfunde dort wieder, wo man sie sich mühsam abgehungert und heruntergejoggt hatte: an Hüfte, Po und Oberschenkel.

Diäten können dick machen

Denn sobald man die Ernährung und Lebensweise aus der Zeit vor der Diät aufnimmt, lagert der Körper die verlorenen Reserven rasch wieder an, der sogenannte Jo-Jo-Effekt tritt ein: Beim Abnehmen hat sich Ihr Stoffwechsel darauf eingestellt, mit weniger Kalorien auszukommen. Essen Sie nach der Diät wie zuvor, bekommt der Körper auf einmal viel mehr Kalorien angeboten, als er benötigt. Die Folge: Er speichert überflüssige Energie als Fettpölsterchen. So ist schnell das alte Gewicht wieder erreicht oder sogar überschritten.

Jo-Jo-Effekt nach dem Abnehmen

Richtig abspecken

Deshalb: Schluß mit Diäten, bei denen Sie nichts lernen! Das Geheimnis einer guten – und wirksamen – Diät ist, daß Sie damit Ihre Ernährung dauerhaft umstellen, ohne daß Sie auf Genuß und Lebensfreude verzichten müssen. Nur so entgehen Sie dem gefürchteten Jo-Jo-Effekt. Neben der richtigen Ernährung spielt auch ausreichend Bewegung eine große Rolle.

Der Gewichts-Check-up

Die alte Regel, nach der sich das Normalgewicht aus der Körpergröße in Zentimetern minus 100 ergibt (Broca-Index), gilt nicht mehr. Denn kleinen Menschen wurde mit dieser Formel ein zu geringes, den Größeren ein zu hohes Gewicht zugestanden. Heute gilt der »Body-Mass-Index« (BMI) als Gewichtsmaß.

BMI, die moderne Formel

Moderne Formel: BMI

Dieser Index läßt sich leider nicht mehr im Kopf, sondern nur noch mit dem Taschenrechner ausrechnen. Denn um Ihren BMI zu bestimmen, müssen Sie erst Ihre Größe (in Metern) mit sich selbst multiplizieren. Durch diesen Wert teilen Sie dann Ihr Gewicht (in Kilogramm). Die Formel für den Body-Mass-Index (BMI) lautet also:

$$\text{BMI} = \frac{\text{Gewicht (kg)}}{\text{Größe (m) x Größe (m)}}$$

Für einen Menschen, der 1,79 Meter groß ist und 78 Kilo wiegt, ergibt sich also ein BMI von

$$\frac{78}{1{,}79 \text{ x } 1{,}79} = 24{,}3.$$

Einfacher geht es mit der Grafik oben rechts:
Ziehen Sie eine Verbindungslinie zwischen Ihrer Körpergröße (linke Skala) und Ihrem Gewicht (rechte Skala). Wo die Linie die mittlere Skala schneidet, lesen Sie Ihren BMI ab.

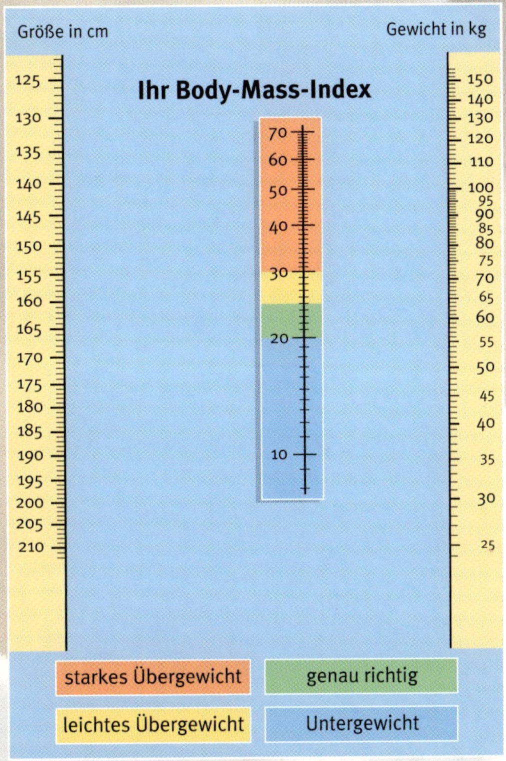

Was besagt der BMI?

Wenn Ihr BMI-Wert zwischen 20 und 25 (grüner Bereich) liegt, ist alles in Ordnung. Liegt er darunter (blauer Bereich), dann achten Sie darauf, daß Ihr Gewicht nicht weiter sinkt. Bei einem BMI zwischen 25 und 30 (gelber Bereich) sollten Sie nicht weiter zunehmen, insbesondere wenn Sie unter Bluthochdruck leiden, einen hohen Cholesterinspiegel haben oder Diabetiker sind. Ab einem BMI von 30 (roter Bereich) ist ein Arztbesuch ratsam. Denn bei solch einem Übergewicht wächst die Gefahr, daß Herz und Gefäße leiden, der Kreislauf schneller schlappmacht und Knochen und Gelenke überlastet werden.

Fett oder Muskeln?

Der BMI gibt lediglich an, ob Ihr Gewicht im Normalbereich liegt. Dabei wird nicht unterschieden, welchen Anteil an Fett und Muskeln Ihr Körper hat. Das können Sie nur mit Hilfe einer speziellen Fettwaage feststellen. So erfahren Sie, ob das vermeintliche Übergewicht vom Fett oder von prallen Bizepsen und muskulösen Oberschenkeln herrührt.

Körperfettwaagen gibt es ab etwa 150 Mark

Mittlerweile bieten viele Hersteller diese Körperfettwaagen an. Sie sehen aus wie normale Personenwaagen, sind aber in der Regel teuer. Stellen Sie sich mit bloßen Füßen auf die Waage. Die Körperfettwaage ermittelt Ihr Gewicht sowie mit Hilfe eines nicht fühlbaren Stroms den Fettanteil in Ihrem Körper.

Und wieviel Fett darf's sein?

Je nach Alter hat der weibliche Körper normalerweise einen Fettanteil von 19 bis 34 Prozent, der männliche von 15 bis 26 Prozent. Die Natur hat den Frauen diese Extraportion Fett zugedacht, damit sie während Schwangerschaften und in der Stillzeit über genug Reserven verfügen.
Das mag der Menschheit in Notzeiten das Überleben gesichert haben. Heute bezahlen Frauen diesen Vorteil aus der Steinzeit mit ungeliebter Cellulite und kleinen Fettpölsterchen.

WICHTIG

Körperfettwaagen mit magerem Ergebnis

Versprechen Sie sich nicht zuviel von den neuen Körperfettwaagen. Es wurde festgestellt, daß verschiedene Waagen bei ein und derselben Person ganz unterschiedliche Fettanteile messen. Außerdem hängt das Ergebnis auch sehr stark davon ab, wieviel Sie getrunken haben. Denn wenn Sie vor dem Wiegen reichlich Flüssigkeit aufgenommen haben, zeigt die Waage weniger Fett an.

Wichtig: Die Körperform

Einer klagt über den Bierbauch, die andere mag ihre dicken Oberschenkel nicht, und ein dritter beschwert sich über zu breite Hüften: Jeder hat seine Problemzonen. Wenn Sie genauer hinsehen, werden Sie feststellen, daß Männer meist am Bauch Fett ansetzen. Ihr Körper entspricht etwa der Apfelform. Frauen legen hingegen eher an Oberschenkeln und Po zu. Sie gehören damit meist zum Birnentyp.

Sind Sie Apfel oder Birne?

Apfel oder Birne – welcher Typ sind Sie?

Ob Ihr Körper eher einem Apfel oder einer Birne ähnelt, erkennen Sie vor dem Spiegel. Sie können auch zum Maßband greifen: Messen Sie zuerst Ihren Taillenumfang. Dabei legen Sie das Maßband auf Höhe des Bauchnabels um Ihren Körper. Dann messen Sie den Hüftumfang an der dicksten Stelle des Pos. Kontrollieren Sie dabei immer im Spiegel, ob das Maßband gerade liegt.
Teilen Sie nun den Taillenumfang durch den Hüftumfang. So erhalten Sie Ihren »Fett-Verteilungs-Quotienten«, auch waist-to-hip ratio (WHR) genannt:

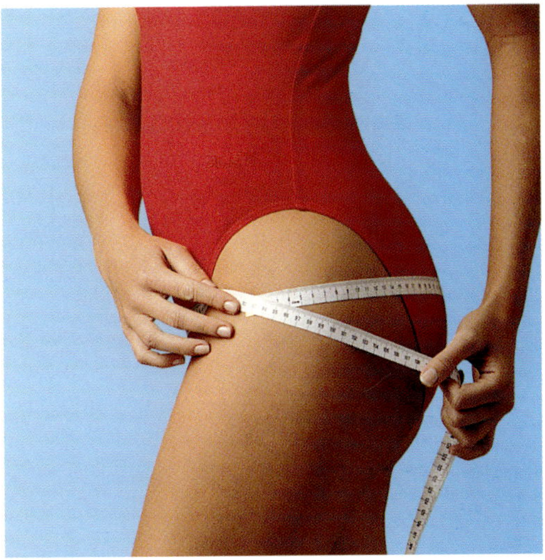

Wo sich der Po am stärksten wölbt, messen Sie den Hüftumfang.

$$WHR = \frac{\text{Taillenumfang}}{\text{Hüftumfang}}$$

Den Taillenumfang messen Sie auf Höhe des Bauchnabels.

Ein WHR über 0,85 bei Frauen und über 1,0 bei Männern beweist, daß Sie ein Apfeltyp sind. Bei Werten darüber gehören Sie zum Birnentyp. Glückwunsch, denn Experten haben häufig festgestellt, daß das Birnentyp-Fett an Oberschenkel, Po und Hüfte weit weniger Gesundheitsprobleme verursacht als das Fett beim Apfeltyp, also das Bauchfett. Die Fettzellen am Bauch können ihr Fett nämlich rasch ans Blut abgeben, so daß es sich eher an den Gefäßen und im Herz ablagert.
Die Fettzellen beim Birnentyp halten dagegen das Fett meist

Dicke Männer leben gefährlich

hartnäckig fest und geben es nur langsam ab. Herz und Kreislauf können aufatmen.
Wo sich das Fett ablagert, entscheiden die Geschlechtshormone. Die männlichen Sexualhormone sorgen für das schädliche Bauchfett. Deshalb haben es eigentlich die meisten Männer viel nötiger, auf ihre Linie zu achten, als die Frauen.

Eine Frage des Stoffwechsels

Daß nur maßloses Essen und Trinken, mangelnde Selbstdisziplin und Genußsucht zu Übergewicht führen, ist von der Wissenschaft längst widerlegt worden. Mit solchen Vorwürfen tut man den meisten Übergewichtigen Unrecht. Bei einigen führt schließlich sogar gerade ihre strenge Kalorien-Kontrolle dazu, daß sie keine natürliche Sättigung mehr spüren und dann um so schneller zu viel essen.

Dicke essen nicht anders

Gewichtsprobleme sind oft »geerbt«

Untersuchungen haben gezeigt, daß sich viele Übergewichtige nicht anders ernähren als der Durchschnitt. Wenn sie genauso viel essen wie der Partner, der Arbeitskollege oder die beste Freundin, nehmen sie zu, während andere schlank bleiben. Ungerecht, aber mittlerweile bewiesen: In den meisten Fällen sind die Gene am Übergewicht schuld. Unsere Erbanlagen bestimmen, wie sparsam oder verschwenderisch unser Körper mit den Kalorien umgeht. Der eine Stoffwechsel verschleudert die Nahrungsenergie, indem er zum Beispiel viel Wärme erzeugt. Ein anderer Organismus geht dagegen sehr viel sorgfältiger mit jeder Kalorie um, die er beim Frühstück, Mittag- und Abendessen erhält. In Zeiten leerer Teller genau richtig. Doch bei Sahnekuchen und Sauerbraten weiß der sparsame Stoffwechsel bald nicht mehr, wo er die vielen Kalorien lassen soll – und speichert sie schließlich als Fett.

Bewegung ist das »A und O« beim erfolgreichen Abnehmen.

Den Stoffwechsel auf Touren bringen

Heizen Sie Ihren Pölsterchen ein

Daß überflüssige Pfunde nicht vom Völlen und Schlemmen stammen, sondern meist kaloriensparenden Genen zuzuschreiben sind, hilft dem Übergewichtigen natürlich überhaupt nicht. Er will, daß die Fettpölsterchen verschwinden.
Wenn schon die Gene dem Stoffwechsel befehlen, sparsam zu sein, so sollte man einfach selbst die Kalorien »verprassen«. Am besten gelingt das mit Bewegung und Sport. Denn ganz egal, was man tut und wie man sich bewegt – es werden Muskeln gebildet. Und jede Muskelzelle verbrennt Fette und Kohlenhydrate zu Energie. Je mehr Muskeln Sie haben, um so mehr Kalorien werden also auch verbrannt. Sogar wenn Sie gerade einmal nicht sportlich aktiv sind.

Welcher Sport für wen?

Wenn Übergewichtige Sport treiben, dann sollten sie Ausdauersportarten wählen. Dabei wird besonders viel Fett verbraucht, weil man sich längere Zeit bewegt. Das Fett ist nämlich wie ein grober Holzscheit: Es wird erst nach einiger Zeit verbrannt. »Anzünder« im Stoffwechselofen sind die Kohlenhydrate. Sie werden als erstes – noch vor dem Fett – verbrannt und geben schnelle Energie. Sie sind aber auch nach kurzer Zeit aufgebraucht.

Besonders geeignet: Ausdauersportarten

Ihr Sport sollte Ihnen also so viel Spaß machen, daß Sie mindestens 30 Minuten lang durchhalten, ohne ins Schnaufen zu kommen. Ideal sind zum Beispiel Schwimmen, Walking, Radfahren, Langlauf, Rudern und Gymnastik.

TIP!

Die richtige Sportart finden

Vor allem bei Laufsportarten sollten Sie die Belastung nur ganz langsam steigern: Beim Joggen, Squash, Tennis, Ski alpin und Fußball muß das gesamte (Über-)Gewicht des Körpers von den Knie- und Fußgelenken abgefedert werden. Der Körper muß sich erst an diese neue Belastung gewöhnen.
Schwimmen dagegen belastet nicht. Arme, Schultern, Brust und Beine werden trainiert. Zusätzlich muß der Körper viel Wärme erzeugen, weil das Wasser ihn abkühlt. So verbrauchen Sie viel Energie und bauen Muskeln auf, die Sie schlank und fit machen.

Den Fettzellen keine Chance geben

Auch wenn Ihr Stoffwechsel die Kalorien hortet, so geht er nicht mit allen gleich sparsam um. Die Kalorien, die er als Kohlenhydrate aufnimmt, verbrennt der Körper viel leichter und schneller, weil er sie kaum speichern kann, sondern erst umständlich in Fette umbauen müßte. Genauso verhält es sich mit Kalorien aus Eiweiß: Daraus bildet der Körper vor allem Zellen, Hormone und Enzyme. Kohlenhydrate und Eiweiß sind deshalb keine Dickmacher.

Fette Kalorien

Ganz anders Kalorien aus Fett. Sie werden nur langsam verbrannt und landen deshalb in der Regel sehr schnell in den Fettdepots des Körpers. Neben regelmäßigem Sport kann also eine fettarme, kohlenhydratreiche Ernährung viel dazu beitragen, daß Sie überflüssige Kilos auf Dauer loswerden.

Sport ist der ideale »Fatburner« mit Spaßfaktor.

TIP!

Zu viel Gewicht im Gepäck

Ihr Übergewicht spüren Sie am besten, wenn Sie entsprechend viele Mineralwasserflaschen einpacken und damit Treppen steigen oder spazierengehen. Dabei merken Sie auch, wieviel leichter Sie ohne diesen Ballast durchs Leben gehen könnten.

Mit Fett geizen

Wenn Sie beim Fett sparen, bekommen Sie nicht nur eine bessere Figur. Sie werden auch fitter, gesünder und beweglicher, denn zu viel Fett belastet den Kreislauf, macht schlapp und krank. Eine wichtige Rolle spielt in diesem Zusammenhang das Cholesterin: LDL-Cholesterin bringt Fett zu den Zellen, Gefäßen und Arterien, HDL transportiert es ab. Internationale Studien ergaben Sensationelles: Übergewichtige, die dauerhaft 10 Kilo abnahmen, senkten ihr Krankheitsrisiko dadurch um bis zu 40 Prozent, weil sich das «schlechte« LDL-Cholesterin um 15 Prozent verringerte, das «gute« HDL-Cholesterin um 8 Prozent anstieg. Auch die Seele wird durchs Abspecken fitter. Schwedische Forscher erkannten, daß stark Übergewichtige, nachdem sie abgenommen hatten, mehr Kontakte knüpften, sich wohler fühlten und selbstbewußter waren als vorher.

Schlanker, gesünder, besser drauf

Entschlacken ist mehr als Abnehmen

Gewicht verlieren und dabei entgiften

Nicht nur Gewicht zu verlieren, sondern den Körper auch von schädlichen »Schlacken« und Giftstoffen zu befreien gelingt längst nicht mit jeder Diät. Gefährlich sind vor allem Abnehmkuren, bei denen man viel Eiweiß, aber nur wenige Ballaststoffe und Vitalstoffe aufnimmt. Dabei sammeln sich sogar noch mehr Gifte und Schlacken an, selbst wenn Sie nach der Diät um etliche Pfunde leichter sind. Gerade beim Abnehmen braucht der Körper nämlich besonders viele Vitamine, Mineralien und andere Schutzstoffe, um die freiwerdenden, fettlöslichen Schadstoffe aus dem abgebauten Fett zu entgiften, abzubauen und besser auszuscheiden.

TIP!

Eiweißreiche Diäten meiden

Damit sich bei einer Diät keine »Schlacken« bilden, sollte man auf Fleisch und Hülsenfrüchte als Eiweißlieferanten weitgehend verzichten. Diese Lebensmittel enthalten Substanzen, die insbesondere bei Nieren- und Gichtbeschwerden nur unzureichend ausgeschieden werden. Trinken Sie besser Molke. Sie hat nur wenig Eiweiß, das der Körper optimal verwerten kann (siehe auch Seite 13 f.).

Was sind eigentlich »Körperschlacken«?

»Schlacken« sind Gifte und körpereigene Abbauprodukte

Wer unter »Schlacken« Substanzen versteht, die sich als rußige, klebrige Stoffe im Körper absetzen, der irrt. Noch kein Chirurg hat solche Schlacken gesehen, die angeblich die Darmwände verkleben. Denn die echten »Schlacken« verstopfen nicht den Darm, sondern die Gefäße – mit Fett und Cholesterin. Und das sind nicht die einzigen Schadstoffe in unserem Körper. Als »Schlacken« bezeichnet man:

- Cholesterin
- freie Fettsäuren
- Abbaustoffe der Gallensäuren
- Harnsäure
- freie Radikale
- Schwermetalle
- giftige Kohlenwasserstoffe

Cholesterin, Fett, Gallensäure, Harnsäure und sogar einen Teil der freien Radikale bildet der Körper selbst. Schwermetalle und giftige Kohlenwasserstoffe sowie zahlreiche freie Radikale nehmen wir auf. Doch ganz gleich, wie und wo diese Schadstoffe und Gifte entstehen und in den Körper gelangen: Alle belasten die Gesundheit stark.
Mit einer Entschlackungskur können Sie sich wenigstens teilweise von diesen Übeltätern befreien.

Mit den richtigen Nährstoffen entschlacken

Wer entschlacken will, sollte seinem Körper weniger Fett gönnen. Nicht nur, weil er dann die überflüssigen Kilos verliert, sondern auch, weil damit der Cholesterinspiegel sinkt und die Arterien von Ablagerungen befreit werden. Doch ganz ohne Fett geht es auch nicht. Schließlich gibt es Fettsäuren, die der Körper braucht. Diese Fette verbergen sich in Pflanzenölen, Nüssen, Samen und in Fisch. Sie versorgen den Stoffwechsel mit hochaktiven Omega-3-Fettsäuren, die den Cholesterinspiegel regulieren, das Blut leicher fließen lassen und Entzündungen eindämmen.

Entschlacken: rundum gesund

Schutz vor freien Radikalen

Um der gefährlichen freien Radikale Herr zu werden, braucht der Körper viel Beta-Karotin, Vitamin C und E. Entschlacken Sie daher am besten mit Obst- und Gemüsesäften. Obstsäfte enthalten große Mengen Vitamin C. Gemüsesäfte – insbesondere die in kräftigen Farben – glänzen durch einen hohen Beta-Karotin-Gehalt. Am besten, Sie pressen Obst und Gemüse selbst aus und trinken den frischen Saft sofort danach. Gekaufte Säfte werden nämlich durch Erhitzen haltbar gemacht – und büßen dabei Vitamin C ein.

Lecker und gesund: frischgepreßte Säfte

Vitamin E enthalten leider nur Pflanzenöle und Nüsse in größeren Mengen. Diese haben jedoch auch viele Kalorien und Fette! Zum Glück gibt es in großen Supermärkten auch eine Trinkmolken-Sorte, der Vitamin E zugesetzt wurde. Fragen Sie danach, wenn Sie mit Molke entschlacken und sich vor freien Radikalen schützen wollen.

WICHTIG

Was sind freie Radikale?

Als freie Radikale bezeichnet man aggressive, sehr reaktionsfähige Substanzen, die Zellkerne und -wände angreifen. Sie werden teilweise vom Körper selbst produziert, weitere Auslöser sind Umweltgifte, auch Nikotin, Alkohol und Medikamente. Freie Radikale können Krankheiten auslösen, unter anderem Krebs und Herzinfarkt.

Wichtig: gesunde Darmflora

Der Darm stellt mit Milliarden nützlicher Bakterien einen guten Schutzwall gegen Schadstoffe und Gifte dar. Wenn Sie darauf achten, daß Ihre Nahrung ausreichend Milchsäurebakterien, Milchsäure und Ballaststoffe enthält, unterstützen Sie Ihren Darm gleich dreifach dabei: Die Milchsäurebakterien siedeln sich im Darm an und sanieren dort die

Körperpflege von innen

Darmflora, die durch Medikamente, Abführmittel oder falsche Ernährung angegriffen wurde. Die Milchsäure reinigt den Darm, und die Ballaststoffe bilden die ideale Nahrungsquelle für viele Darmbakterien. Außerdem binden sie verschiedene Schadstoffe, die über die Nahrung oder mit der Gallenflüssigkeit in den Darm gelangen. Diese Giftstoffe werden so unschädlich gemacht und schließlich ausgeschieden.

Wasser schleust Gifte aus

Molke, Wasser und Säfte transportieren Giftstoffe ab

Wenn Sie entschlacken, also Gifte und Schadstoffe vermehrt abbauen möchten, ist reichlich Flüssigkeit nötig. Ob als Mineralwasser, Früchte- und Kräutertee, als Saft oder in der Molke: Erst das Wasser ermöglicht es dem Körper, »Schlacken« auszuschwemmen. Auch die Ballaststoffe brauchen ausreichend Flüssigkeit, damit sie in Magen und Darm aufquellen können. Deshalb sollten Sie beim Entschlacken etwa drei Liter täglich trinken. Selbst wenn Sie dazu neigen, viel Wasser im Gewebe einzulagern, hilft viel Flüssigkeit. In diesem Fall ist es jedoch günstig, auch reichlich Kalium aufzunehmen, denn das entwässert das Gewebe (siehe auch Seite 14 f.). Trinken Sie darum vor allem Gemüsesäfte und kaliumreiches Mineralwasser.

TIP!

Das Richtige trinken

Zum Entschlacken eignet sich besonders Mineralwasser mit viel Kalium: Der Kaliumgehalt (K) sollte dabei mindestens ein Zehntel des Natriums (Na) ausmachen. Bei jedem guten Mineralwasser finden Sie die genauen Analysewerte auf dem Etikett.

Fettarme Ernährung

Viele Menschen habe Vorurteile gegenüber fettarm zubereiteten Speisen. Seit vielen Jahren gelten Butter, Sahne und Crème fraîche als Garantie für Genuß. Angeblich werden nur mit viel Fett Bratkartoffeln kroß, Cremespeisen schaumig und der Braten richtig saftig. In der Tat ist Fett der ideale Träger für viele fettlöslichen Aromastoffe. Deshalb müssen aber Gerichte, bei denen man bewußt Fett spart, nicht langweilig schmecken: Aromen können sich natürlich auch ohne oder mit sehr wenig Fett gut entwickeln. Vorausgesetzt, die Lebensmittel haben überhaupt ein Aroma.

In einer beschichteten Pfanne können Sie alle Speisen zubereiten, die nicht zu heiß angebraten werden müssen.

»Fett macht satt« ist ein weiteres Vorurteil, das sogar wissenschaftlich widerlegt wurde. Es sind die Ballaststoffe, Eiweiße und Kohlenhydrate, die dem Gehirn melden, daß Magen und Darm gut gefüllt sind.

Was ist mit fettlöslichen Vitaminen?

Vitaminversorgung ist auch mit wenig Fett möglich

Brauchen wir nicht das Fett wegen der fettlöslichen Vitamine A, D, E und K? Ein Blick in die Nährwerttabelle zeigt, daß Vitamin A oder dessen Vorstufe, das Beta-Karotin, in Karotten, Spinat oder besonders in Leber steckt – in Lebensmitteln also, die fettarm sind. Genauso Vitamin D, das in Pilzen und Fischen enthalten ist, und Vitamin K aus Gemüse. Nur Vitamin E findet sich in aller Regel in Fetten. Allerdings in genau den Pflanzenölen, die selbst bei einer fettarmen Ernährung empfohlen werden. Außerdem weisen auch einige Gemüsesorten mit weniger als einem Prozent Fett reichlich Vitamin E auf, wie etwa Paprika, Petersilie, Schwarzwurzeln und Wirsing. Keiner muß also bei einer Ernährung mit weniger Fett einen Vitaminmangel befürchten, vorausgesetzt, er ernährt sich nicht einseitig von viel Fleisch und wenig Gemüse.

»Gehaltvolle« Gemüse

TIP!

Doppelt ist überflüssig

Wenn Sie ein Brot mit Streichwurst oder Streichkäse anrichten, brauchen Sie nicht zusätzlich noch Butter oder Margarine daraufgeben. Der Aufstrich ist schon fett genug, so daß Sie gut auf das Streichfett als Aromaträger verzichten können.

Wenig Fett, aber viel Geschmack

Viele kleine Tips und Hinweise helfen Ihnen, auch mit wenig Fett so zu kochen, daß es schmeckt.

Fettarm braten

Tips für den gesunden Genuß

Fast ohne Fett können Sie in einer antihaft-beschichteten Pfanne braten. Darin brennt nichts an. Fall Sie nur eine normale Pfanne haben, pinseln Sie den Pfannenboden vor dem Braten nur ganz dünn mit Öl ein. Erhitzen Sie die Pfanne, bevor Sie das Fleisch hineingeben. Sofort schließen sich die Poren, das Fleisch behält seinen eigenen Saft und nimmt nicht unnötig viel Fett auf.
Im Ofen können Sie Fleisch auch gut in Alufolie braten. Dafür die Folie dünn mit Öl einpinseln, das Bratgut fest einwickeln, damit kein Bratensaft entweichen kann, und im vorgeheizten Backofen nach Rezeptangaben garen.
Auch mit Hilfe eines Bratschlauchs können Sie ohne ein

TIP!

Knusprige Bratkartoffeln

Verwenden Sie beim Zubereiten von Bratkartoffeln nur wenig Fett, sonst werden sie weich und unappetitlich.
Wenn Sie die Kartoffelscheiben in heißem Butterschmalz statt in Butter anbraten, werden die Kartoffeln schön kroß und knusprig braun. Das Butterschmalz wird nämlich besonders heiß.

Gramm Fett braten: einfach das Fleischstück mit Gewürzen, Kräutern, einer Marinade oder Zwiebelringen und Tomatenwürfeln in den Schlauch geben und im Backofen garen. Der sich entwickelnde Dampf hält das Fleisch saftig.

Garen im Tontopf

Knusprig oder saftig

Steht noch ein Römertopf in der hinteren Ecke Ihres Küchenschranks? Holen Sie ihn hervor, denn darin können Sie fettarm braten: Weil der Tontopf gewässert wird, gart der Braten im Wasserdampf ohne Fett und wird dabei herrlich saftig.

Dämpfen

Ein kleiner Dämpfeinsatz kostet nicht viel – und ist beim gesunden Kochen unbezahlbar. Denn damit garen Sie vitamin- und mineralstoffschonend und sparen außerdem noch Fett.

Legen Sie Gemüse, Geflügel oder Fisch in den Dämpfeinsatz, und setzen Sie diesen in einen Topf. Wenig Wasser zugießen und zum Kochen bringen. Wenn Sie mögen, geben Sie noch Brühe, Gewürze, etwas Wein oder einige Kräuter hinein.

Grillen

Grillen Sie doch mal wieder! Das kann man nicht nur an lauen Sommerabenden draußen im Garten oder auf dem Balkon, sondern auch in der Grillpfanne auf dem Herd. Das Grillgut bekommt sein besonderes Aroma, wenn Sie es mit einer Marinade aus etwas Öl, Gewürzen und kleingehackten Kräutern einpinseln. Ein fettarmes, unkompliziertes Vergnügen!

Gemütlich grillen – fettarm genießen: Probieren Sie doch einmal gegrilltes Gemüse!

Dem versteckten Fett auf der Spur

Leckere Alternativen finden

Achten Sie bei Milchprodukten und Käse grundsätzlich auf die Fettangaben. Magerjoghurt und fettarme Milch enthalten nämlich fast genauso viele Vitalstoffe wie die Vollfett-Varianten! Und wenn Sie cremigen Sahnequark über alles lieben, rühren Sie doch mal Magerquark mit etwas Mineralwasser an: (fast) derselbe Geschmack und immerhin etwa 97 Prozent weniger Fett!

Geht's um die Wurst, fragen Sie Ihren Metzger nach fettarmen Sorten. Und beim Fleisch kaufen Sie Hühner- und Putenbrust, Kalbfleisch oder fettarme Stücke von Rind und Schwein (siehe Tabelle unten).

Ölwechsel bei Saucen

Machen Sie Ihre Salatsaucen nicht immer mit dem gleichen Öl an: Kaltgepreßte, hocharomatische Nuß-, Kürbiskern-, Trauben- oder Olivenöle geben so viel Geschmack, daß Sie nur we-

Leichte Alternativen schnell gefunden

	VIEL FETT	**WENIGER FETT**
WURSTWAREN	Salami, Cervelatwurst Mettwurst, Räucherschinken	Geflügelwurst, Jagdwurst Schinken ohne Fettrand, magerer Kochschinken
RINDER- UND SCHWEINE-FLEISCH	Rinderhack dicke Rippe, Schweinebacke, -bauch, -schulter	Tatar Rinderkeule, -lende, -kamm Schweinekotelett, -filet, -schnitzel
MILCH UND MILCH-PRODUKTE	Margarine, Butter Crème fraîche Kaffeerahm (10% Fett)	Halbfettmargarine, Halbfettbutter (als Streichfett) Schmand, saure Sahne, Kondensmilch (4% Fett)
SAUCEN, SUPPEN	Gorgonzolasauce, Pesto Essig-Öl-Sauce Cremesuppe	Tomatensauce Joghurtsauce klare Brühe mit Einlage
KUCHEN, SÜSSIG-KEITEN, KNABBEREIEN	Blätterteig Sahnetorte Weihnachtsstollen Nußkuchen Schoko-Nuß-Müsli Kartoffelchips, Erdnüsse	Strudelteig Tortenboden mit Früchten Früchtebrot Apfelkuchen Müsli mit Trockenfrüchten Popcorn, Salzstangen

nig davon brauchen. Das eingesparte Öl können Sie durch etwas Gemüsebrühe, Fruchtsaft oder – wenn keine Kinder mitessen – auch durch ein wenig Sherry ersetzen.

Erfolgreich entschlacken & abspecken mit Molke

Mit Molke können Sie sehr viel dazu beitragen, daß Ihr Körper sich gut von Stoffwechselgiften befreien und gegen Umweltgifte wehren kann. Dazu tragen die verschiedenen wertvollen Inhaltsstoffe der Molke bei (siehe auch Seite 13 ff.): Der Entschlackungs-Mineralstoff Kalium und die Milchsäure unterstützen das Entgiften. Zusätzlich hilft die Orotsäure der Leber, Hochleistungen zu vollbringen.

Vitamine extra

Mixen Sie die Molke mit Frucht- und Gemüsesäften – so schmeckt sie nicht nur leckerer, sondern ist auch noch gesünder. In diesen Säften stecken nämlich viele Radikalfänger. Außerdem gibt es Molke, die zusätzlich mit Vitamin E angereichert ist. Wenn Sie aber die Verdauung aktivieren oder nach einer Antibiotikatherapie die Darmflora wieder sanieren wollen, verwenden Sie statt Trinkmolke lieber ein Molkepulver, dem Milchsäurebakterien zugegeben wurden.

Den Darm verwöhnen

Ideal beim Fasten

Beim Fasten können Sie zwar besonders schnell Gewicht verlieren, leider ist das aber nicht immer gesund: Während einer Fastenkur nehmen Sie nämlich in der Regel kaum Eiweiß auf. Damit der Körper seinen Bedarf trotzdem decken kann, baut er wichtiges körpereigenes Eiweiß ab. Besonders gefährlich sind Diäten und Fastenkuren, bei denen man gar nichts ißt: Der Gewichtsverlust bei einer solchen Kur ist zu 40 Prozent darauf zurückzuführen, daß Ihr Körper Muskeln abgebaut hat, um daraus Eiweiß zu bilden. Fett verliert der Körper beim Fasten zwar auch, aber nicht viel mehr als Muskeln. Damit sich der Körper während einer Fastenkur nicht von seinen Muskeln, sondern vor allem vom Fett trennt, hat der Fastenforscher Professor Dr. Hans Ditschuneit eine Molkediät entwickelt. Bei dieser Diät nehmen Sie pro Tag ungefähr 50 Gramm Eiweiß zu sich – und Sie verlieren täglich 200 bis 400 Gramm Körpergewicht. Doch nur drei Prozent des Gewichtsverlustes beruhen auf dem unerwünschten Muskelabbau und fast 80 Prozent auf dem

Muskelabbau vermeiden

Abbau von Fett. Der restliche Gewichtsverlust entsteht, weil der Körper beim Abnehmen Wasser verliert.

Trainierte Muskeln bleiben erhalten

Um den Muskelabbau weitgehend zu verhindern, sollten Sie beim Fasten Sport treiben: Einen aktiven Muskel baut der Körper nur in größter Not ab. Die richtigen Power-Gymnastikübungen dazu finden Sie ab Seite 47.

Eine Extraportion Eiweiß zur Molke

Die normale Trinkmolke enthält zu wenig Eiweiß, um auf die gewünschten 50 Gramm pro Tag zu kommen. Deshalb wird der Trinkmolke im Fastenwochenende (ab Seite 54) Molkepulver zugegeben. Diese Extraportion Eiweiß schützt vor Muskelabbau und vertreibt außerdem den Hunger. Wenn Sie sich allerdings nur einen Molke-Entlastungstag gönnen oder die Molke als Zwischenmahlzeit trinken, sonst aber normal essen, brauchen Sie kein zusätzliches Molkeneiweiß in den Drink zu rühren. Zahlreiche Rezepte für leckere Molkedrinks finden Sie überall in diesem Ratgeber.

TIP!

Ein erster Schritt ...

Wenn Sie noch zögern, eine längere Molkekur zu beginnen, probieren Sie es doch erst einmal mit einem Molketag pro Woche. Trinken Sie über den Tag verteilt drei Liter Molke pur oder mit Säften und pürierten Früchten gemixt. Das beugt Fettpölsterchen und Krankheiten vor!

Fasten als Start in ein gesünderes Leben

Wenn Sie nur fasten, um Pfunde zu verlieren, und dann so weiteressen wollen wie bisher, lassen Sie es lieber. Denn dabei wird sich unweigerlich der Jo-Jo-Efekt einstellen (siehe Seite 32). Fasten sollte der erfolgreiche Start sein, der Sie motiviert, Ernährung und Lebensweise so umzustellen, daß Sie Ihr Wunschgewicht erreichen und halten können.

Lebensgewohnheiten überdenken

Deshalb finden Sie in diesem Ratgeber ein Molke-Fastenwochenende und eine Wellness-Wochenkur, bei der Sie ganz normal essen, aber trotzdem abnehmen. In dieser Woche lernen Sie Alltagsrezepte kennen, die Ihnen das Abnehmen leichtmachen. Und wenn Sie viele Molkedrinks zu sich nehmen, sorgen Sie für einen gesunden Darm und genügend Entschlackungsstoffe. Damit das Molketrinken nie langweilig wird, finden Sie ab Seite 62 noch zusätzlich sieben einfache Molke-Mix-Rezepte – für jeden Wochentag eines.

Immer in Bewegung bleiben

TIP!
Was Sie beachten sollten:

- Zu Beginn und am Ende aller Übungen sollten Sie Ihren Körper dehnen, um ihn aufzuwärmen und zu lockern. Dabei strecken Sie Ihren gesamten Körper, wie es eine Katze beim Aufwachen tut.
- Während der Übungen sollten Sie ganz bewußt auf Ihren Atem achten. Dabei zwischen Ein- und Ausatmen immer eine kurze Pause machen.

Body-Fitness für die schlanke Linie

Das folgende Power-Programm trägt wesentlich dazu bei, daß Sie effektiv abnehmen. Es stoppt den Abbau wertvoller Muskeln. Sie werden sogar feststellen, daß Ihr Körper Muskeln aufbaut und Ihr Körper sowie Ihre Haut dadurch straffer werden. Wenn Sie das Programm auch nach der 7-Tage-Molkekur weiterhin in Ihren Alltag einbauen, spüren Sie sicher bald, daß es auch Ihrer Seele guttut: Regelmäßige sportliche Betätigung wirkt beruhigend und ausgleichend. Probieren Sie es doch einfach mal aus!

Gebetshaltung für einen flachen Bauch

Für den geraden Bauchmuskel.

- Sie liegen auf dem Rücken, die Beine sind aufgestellt. Pressen Sie die Handflächen zusammen, als ob Sie beten wollten, und halten Sie dabei die Oberarme nahe am Körper.
- Die Bauchmuskeln anspannen und die Hände langsam senkrecht nach oben führen. Dabei heben Sie den oberen Rücken an. Kreuz und unterer Rücken bleiben am Boden!
- Anfangs die Übung 8mal, nach einer kurzen Pause nochmals 8mal wiederholen, später nach Möglichkeit steigern.

Mit dieser Übung stärken Sie Ihre Bauchmuskulatur.

Eine starke Rückenmuskulatur ist wichtig für die Haltung.

Diese Übung strafft Bauch, Taille und Hüften.

Fersentippen

Für Bauch und Hüfte, trainiert die schrägen Bauchmuskeln.

▶ Knien Sie sich auf eine bequeme Unterlage (eine Decke oder eine Gymnastikmatte). Halten Sie den Körper gerade, die Arme strecken Sie nach vorn.
▶ Drehen Sie den Oberkörper nach rechts. Versuchen Sie dabei, mit der rechten Hand möglichst nah an die linke Ferse zu gelangen. Bringen Sie den Körper wieder in die Ausgangsposition, und führen Sie nun die Übung zur anderen Seite hin aus.
▶ Wiederholen Sie diese Bewegung mindestens 8mal nach jeder Seite, nach einer kurzen Pause führen Sie die Übung noch einmal so oft aus.

Körperdrehungen

Kräftigt die Rückenmuskeln.

▶ Setzen Sie sich aufrecht auf einen Stuhl. In jede Hand nehmen Sie ein Buch. Strecken Sie die Arme zur Seite.
▶ Den Oberkörper nach links drehen. Zurück in die Ausgangsposition, dann nach rechts. Wichtig: Po und Beine bleiben während der ganzen Übung in der Ausgangsposition.
▶ Führen Sie die Übung im schnellen Wechsel 16mal nach jeder Seite aus.

Wenn Sie diese Übung korrekt ausführen, trainieren Sie die Muskeln in der Körpermitte.

Rumpfbeugen zur Seite

Für eine schlanke Taille.

▶ Sie stehen aufrecht, die Beine leicht gespreizt. Die Arme hängen locker herab.
▶ Beugen Sie den Oberkörper langsam möglichst weit nach links. Strecken Sie den linken Arm nach unten, um die Bewegung zu unterstützen. Aufrichten, danach dieselbe Bewegung nach rechts ausführen. Wichtig: Den Oberkörper bei dieser Übung nur seitlich neigen, nicht nach vorn.
▶ Die Bewegung nach jeder Seite mindestens 8mal wiederholen, nach einer kurzen Pause noch einmal so oft.

Beinheber

Festigt die äußeren Oberschenkel.

▶ In Seitenlage auf den Boden legen. Stützen Sie sich mit dem Ellbogen des unten liegenden Armes und der Handfläche des anderen Armes ab. Die Füße dabei leicht anwinkeln.
▶ Das obere Bein möglichst weit anheben, ohne es zu drehen.
▶ 12mal wiederholen, dann auf die andere Seite legen und die Übung mit dem anderen Bein ausführen. Nach einer kurzen Pause nochmals auf jeder Seite 12 Wiederholungen.

Je langsamer Sie trainieren, desto wirkungsvoller ist die Übung.

Straffen Sie die Rückseite der Oberschenkel – das ist auch gut für einen schönen Po!

Beckenheber

Für die Oberschenkelrückseite.

- In Rückenlage auf den Boden, die Beine sind angewinkelt, die Fersen sind am Boden.
- Nun das Becken so weit heben, daß sich die hintere Oberschenkelmuskulatur spürbar anspannt.
- Die Spannung etwa 10 Sekunden lang halten, dann das Becken langsam wieder in die Ausgangsposition senken.
- Wiederholen Sie die Übung mindestens 12mal, später nach Möglichkeit noch häufiger.

Beinstrecker

Für die Vorderseite der Schenkel.

- Setzen Sie sich auf den Boden, und stützen Sie sich mit den Händen hinten ab. Winkeln Sie die Beine an.
- Nun die Beine abwechselnd nach vorn strecken.
- Mit jedem Bein 20mal wiederholen. Wichtig: Die Knie bleiben dabei auf selber Höhe nebeneinander, der Rücken ist ganz gerade.

Auch mit dieser Übung bringen Sie die Oberschenkel in Bestform.

Schnelle Beinwippe im Liegen

Für einen straffen Po.

▶ Sie liegen entspannt auf dem Bauch. Legen Sie Ihre Stirn auf die ineinander verschränkten Arme. Legen Sie sich ein zusammengerolltes Handtuch unter den Bauch.

▶ Nun beide Beine im Wechsel gestreckt anheben. Halten Sie die Spannung die ganze Übung hindurch – legen Sie die Beine zwischendurch nicht ab: Auch beim Absenken des Beines den Boden immer nur ganz kurz mit der Fußspitze berühren und dann das gestreckte Bein rasch wieder anheben.

Wichtig: Bitte bei der Übung kein Hohlkreuz machen.

▶ Heben Sie beide Beine jeweils 10mal, nach einer kurzen Pause nochmals pro Bein 10 Wiederholungen ausführen.

Aktivdrinks aus Molke

Beim Üben kommen Sie sicher etwas ins Schwitzen. Ersetzen Sie die dabei verlorene Flüssigkeit und Mineralien, indem Sie einen Molkedrink genießen.
Die Rezeptangaben beziehen sich immer auf 2 Gläser:

Banana-Flip
1 Banane • 100 ml Apfelsaft • 300 ml Molke

▶ Banane schälen, mit Apfelsaft und Molke pürieren.

Red-Power-Drink
1/4 Gurke • 100 ml Karottensaft • 300 ml Molke • Pfeffer

▶ Gurke waschen, kleinschneiden, mit Karottensaft und Molke pürieren, pfeffern.

Beeren-Kräfte
100 g Himbeeren • 100 ml Traubensaft • 300 ml Molke

▶ Beeren waschen und putzen, mit Traubensaft und Molke pürieren.

Konsequentes Üben wird mit einem straffen Po belohnt.

Fit mit Molkekuren

Die 10 besten Tips für die Molkekur

Molke steht im Mittelpunkt der beiden Wellness-Kuren, die Ihnen in diesem Ratgeber vorgestellt werden. Das kurze Wellness-Wochenende (ab Seite 54) können auch gestreßte Berufstätige ohne weiteres immer mal wieder in ihren Alltag einbauen. Für die 7-Tage-Molkekur (ab Seite 62) sollten Sie sich etwas Zeit nehmen: Wenn Sie eine Woche entspannen, sich ausreichend bewegen und die Molkekur durchführen, ist das wie ein kleiner Urlaub.

Bei beiden Kuren stehen neben der Molke auch einfache Gymnastikübungen auf dem Plan: ein Power-Programm, das den Körper stärkt, die Muskeln kräftigt und das Bindegewebe strafft.

Bevor Sie mit dem Entgiften, Abnehmen und Entspannen beginnen, lernen Sie hier zuerst die Grundprinzipien einer Molkekur kennen:

Jeden Tag mindestens einen Liter Molke

Egal ob pur oder gemixt, Sie sollten jeden Tag einen Liter Molke trinken. Die in den Rezepten für Mittag- und Abendessen enthaltene Molke kommt noch extra hinzu.

Wenig Fett

Nicht Kohlenhydrate und Eiweiß machen uns dick. Die vielen Fette im Essen sind für die Pölsterchen an unserem Körper verantwortlich. Deshalb nehmen Sie bei einer Molkekur kaum mehr als 30 Gramm Fett pro Tag zu sich. Und dieses Fett besteht vor allem aus lebenswichtigen ungesättigten Fettsäuren. So purzeln die Pfunde schnell und Sie werden schlank.

Viel Bewegung

Wenn Sie sich viel bewegen, aktiv sind und Ihren Körper zum Beispiel mit dem Gymnastikprogramm ab Seite 47 auf Trab halten, sinkt der Cholesterinspiegel. Denn Fette und Kohlenhydrate werden verbraucht. Weiterer Fitnessvorteil: Wenn die Muskeln beim Abnehmen aktiv sind, zapft der Körper sie nicht als Eiweißquelle an (siehe auch Seite 46).

Mindestens 1,5 Liter Mineralwasser täglich

Wie bei der Molke gibt es auch beim Mineralwasser ein Tagesminimum. Zwei Flaschen sollten es schon sein, entweder pur oder gemischt mit leckeren Säften als Schorle. Wenn Sie Mineralwasser – selbst mit Säften gemixt – nicht mögen, trinken Sie Früchtetees.

Hunger gibt es nicht

Dank Molkedrinks, Reiscräckern, Popcorn und anderen kleinen Snacks können Sie abnehmen, ohne zu hungern. Denn die Zwischenmahlzeiten in der Molkekur sind so gut wie fettfrei und machen deshalb nicht dick. Sie können also mit ruhigem Gewissen davon naschen.

In Ruhe essen

Essen und trinken Sie niemals im Stehen oder nur nebenbei. Nehmen Sie Ihr Essen in Ruhe und ohne belastende Gespräche zu sich. Gerade übergewichtige Menschen betrachten die Speisen oft nur noch als Kaloriensünde und nicht als Quelle von Lebensfreude und Genuß. Schade, denn je mehr Sie einen kleinen Bissen genießen können, desto weniger brauchen Sie übervolle Teller.

Fünf Mahlzeiten

Versuchen Sie, fünfmal täglich in Ruhe zu essen. Auch wenn es vielleicht für Sie ungewohnt ist: Für die meisten Menschen ist das der ideale Eßrhythmus, um den ganzen Tag fit zu bleiben. Denn neben den drei Hauptmahlzeiten helfen ein zweites Frühstück und ein nachmittäglicher Snack, sich von morgens bis abends fit, konzentriert und leistungsfähig zu halten.

Reinen Zucker nur in Maßen

Reiner Zucker ist gefährlich. In Bonbons, Limonaden, Colagetränken oder Gummibärchen lockt er den Hunger herbei: Er geht rasch ins Blut, muß blitzschnell abgebaut werden – und der Blutzuckerspiegel sinkt rasant. Ein niedriger Blutzuckerspiegel aber macht hungrig.

Eine Wellness-Stunde für jeden Tag

Mindestens eine Stunde pro Tag sollten Sie während der Molkekur etwas tun, was Ihnen guttut. Notieren Sie sich am besten vorher schon Tätigkeiten, die Ihr Wohlbefinden fördern: Spazierengehen, in alten Fotoalben stöbern, ein Lieblingsvideo ansehen oder sich einen Boutiquenbummel gönnen. Und wenn Ihnen jetzt nichts einfällt: In der 7-Tage-Kur (ab Seite 62) finden Sie jeden Tag neue Wellness-Tips!

Aus der Kur lernen

Während Fastenkuren wie das Molke-Wochenende lediglich ein Anstoß sind, Lebensgewohnheiten zu überdenken, bieten längere Molkekuren die Chance, eine Ernährungsweise kennenzulernen, mit der Sie auch in Zukunft fettarm genießen können – integrieren Sie einfach Anregungen und Rezepte in Ihren Alltag.

Ein guter Einstieg: Das Fastenwochenende

Einstieg in ein gesundes Leben

Um eine Molkekur auszuprobieren, müssen Sie nicht extra Urlaub nehmen oder umständliche Vorbereitungen treffen: Ein freies Wochenende reicht schon! Nehmen Sie sich nichts vor, vereinbaren Sie keine Termine, sondern schalten Sie auf Wohlfühlen und Entspannen um. Das Prinzip des Fastenwochenendes: Sie trinken ausschließlich. Das können Säfte sein, viel Mineralwasser, aber vor allem Molke, die Sie nach unseren Rezeptideen phantasie- und geschmackvoll mixen.

Freitag abend

Kaufen Sie am besten schon am Freitagnachmittag für Ihr Wohlfühl-Wochenende ein: Die Liste auf Seite 56 enthält alle Zutaten, die Sie für Ihr Fastenwochenende brauchen. Wenn Sie die Molke selbst herstellen möchten, sollten Sie entsprechend dem Rezept auf Seite 55 Milch und Dickmilch einkaufen. Dann müßten Sie jedoch schon am Donnerstag mit der Molkeproduktion beginnen.

Überlegt planen

So geht's los ...

Trinken Sie schon am Freitag abend mindestens einen bis 1 $^1/_2$ Liter Molke. Sie können diese Molke je nach Geschmack mit Säften mischen. Um Ihren Eiweißbedarf optimal zu decken, geben Sie in jedes Glas Molkedrink noch einen Teelöffel geschmacksneutrales Molkepulver, dem Milchsäurebakterien zugesetzt wurden. Diese Molke wird Ihren Darm in Schwung bringen. Sollten Sie allerdings unter einer Verstopfung leiden, so kann es sein, daß einfache Molke hier nicht weiterhilft. In diesem Fall beginnen Sie Ihr Fastenwochenende mit einem speziellen Molkedrink gegen Verstopfung, wie auf Seite 91 beschrieben.

Ausreichend trinken

Neben der Molke sollten Sie schon am Freitag abend einen Liter Mineralwasser trinken. Sie können das reine Wasser mit einigen Spritzern Zitronensaft aufpeppen.

WICHTIG

Vorsicht!

Wenn Sie krank sind, ein Kind erwarten oder stillen, fasten Sie bitte nicht, ohne zuvor Ihren Arzt zu fragen. Auch starke psychische Probleme schließen ein Fastenwochenende aus.

Molke selbstgemacht

Für 250 ml Molke brauchen Sie:
½ Liter Milch (frische oder H-Milch), 3 EL Dickmilch, ein Baumwolltuch, ein Küchensieb

▶ Milch und Dickmilch verrühren, in eine flache Schale geben und mit dem Tuch abdecken. An einem warmen Ort etwa zehn Stunden ruhen lassen, damit die Milch eindickt.

▶ Die entstandene Dickmilch etwa 90 Minuten lang bei 30 Grad in den vorgewärmten Backofen stellen. Dabei setzt sich die Molke als Flüssigkeit an der Oberfläche ab, am Boden bleibt der festere Quark zurück. Setzt sich keine Flüssigkeit ab, nochmals 90 Minuten warm stellen.

▶ Das Küchensieb mit dem Tuch auslegen und über eine hohe Schüssel halten. Nun die Molke-Quark-Masse hineingeben. Dabei die Molke in der Schüssel auffangen.
Das Sieb mit dem Quark über einen Topf hängen und noch zwei bis drei Stunden im Backofen bei etwa 30 Grad abtropfen lassen.

▶ Das Tuch mit dem Quark mehrfach auswringen, bis keine Molke mehr heraustropft.

▶ Den Quark entweder im Kühlschrank fest werden lassen oder ihn als Creme mit Honig, Früchten oder pikant mit feingehackten Kräutern, Gewürzen, Knoblauch oder Tomatenmark abschmecken.
Sie haben nun Frischmolke selbst hergestellt. Beachten Sie, daß diese sich nicht lange hält. Am besten produzieren Sie also immer nur so viel, wie Sie benötigen.

Gymnastik macht Spaß

Treiben Sie Gymnastik? Wenn ja, kennen Sie die Übungen auf Seite 47 bis 51 vielleicht schon. Entwickeln Sie daraus heute abend Ihr individuelles Alltagsprogramm, das Sie nicht nur an diesem Wochenende, sondern möglichst jeden Tag mindestens einmal durchtrainieren. Wenn Sie bisher eher ein Gymnastikmuffel waren, nehmen Sie sich an diesem ersten Abend Ihres Fastenwochenendes Zeit, die Übungen kennenzulernen. Probieren Sie alle aus, entdecken Sie, welche Ihnen leichtfallen und an welche Sie sich erst gewöhnen müssen.

Ausdauer wird belohnt

Gerade die Übungen, bei denen Ihr Körper nicht mitmachen will, sollten Sie mehrmals wiederholen. Sie werden merken, daß Sie rasch beweglicher werden.

Messen nicht vergessen

Einige Maße notieren

Natürlich werden Sie an einem einzigen Wochenende keine riesigen Abnehmerfolge erzielen. Trotzdem lohnt es sich, vor dem Fasten auf die Waage zu steigen sowie Taillen- und Hüftumfang zu messen (Seite 35). Am Sonntagabend können Sie dann sehen, wieviel Sie abgespeckt haben.

Samstag

Wenn Sie es lieben, am Samstagmorgen ausgiebig zu frühstücken, sind Sie vielleicht etwas enttäuscht, daß Sie heute nur ein Molkeshake erwartet. Doch wenn Sie eines der folgenden Rezepte ausprobieren, werden Sie sicher begeistert sein!

Guten-Morgen-Molke

1 Banane • 2 Kiwis • 400 ml Molke • 2 TL Molkepulver

Frischer Start mit Banane und Kiwi

▶ Banane und Kiwis schälen, mit Molke und Molkepulver pürieren. Wenn Sie mögen, noch mit Vanillezucker süßen. Mit einem dicken Strohhalm sofort servieren. Nicht stehenlassen, sonst wird der Drink bitter.

Violette Stunde

100 g Beeren, frisch oder tiefgekühlt • 100 ml Holunderbeersaft • 300 ml Molke • 2 TL Molkepulver • 2 TL Honig • 1 TL Zimt

▶ Beeren waschen und putzen, Tiefkühlbeeren antauen lassen. Mit Holunderbeersaft, Molke, Molkepulver, Honig und Zimt pürieren. Mit etwas Honig und Zimt abschmecken.

Wenn der Magen knurrt

Gut gegen Hungerattacken

Die Molkedrinks enthalten Eiweiß und dank der Fruchtsäfte auch viele Kohlenhydrate. Beides bewahrt Sie vor Heißhunger. Falls

Einkauf fürs Fastenwochenende

4,5 Liter Molke
150 g Molkepulver, geschmacksneutral mit Milchsäurebakterien
2 Liter Mineralwasser
2 bis 3 Liter Obst- und Gemüsesäfte (100% Saft) je nach Geschmack, darunter Holunderbeeren-, Birnen- und Apfelsaft
1 Packung Früchtetee (je nach Geschmack)
100 g Beeren (eventuell tiefgekühlt)
2 Bananen
4 Kiwis
1 Zitrone
1 Dose Kokosmilch
Kakao
Honig
Zimt
Vanillezucker

Molke-Mixtabelle

Je 300 bis 400 ml Molke, 1 Teelöffel Molkepulver, einen Saft und eine würzende Zutat pürieren – so entstehen leckere Abnehmdrinks!

SAFT	PASSENDE ZUTAT
Ananas	Kokosmilch
Apfel	Nelkenpulver, Zimt, Vanille
Birne	Zimt, Vanille, Kakao
Karotte	Zimt, Zitronensaft, Honig
Orange	Zimt, Kokosmilch
Tomate	Pfeffer, Jodsalz
Traube	Nelkenpulver

Die Gewohnheit überlisten

Sie sich trotzdem nach einem Stück Schokolade, dem deftigen Fleischgericht oder einer anderen Lieblingsspeise sehnen, fragen Sie sich, ob Sie nicht aus reiner Langweile hungrig sind. Gymnastik (Seite 47 ff.), ein entspannendes Molkebad (Seite 78) oder ein Spaziergang können helfen, diese Langeweile zu überwinden.
Wenn Ihr Magen jedoch hörbar knurrt, mixen Sie sich einen weiteren Molkedrink. Sie sollten sowieso mindestens drei Liter pro Tag trinken, davon 1,5 Liter Molke. Sie können dabei ganz nach Ihrem Geschmack mixen. Einige Anregungen für abwechslungsreiche Molkedrinks finden Sie in der Mixtabelle oben.

Entschlacken belastet

Leichte Beschwerden sind normal

Niedriger Blutdruck, drückende Kopfschmerzen oder schlechte Stimmung während einer Fastenkur können daher rühren, daß sich Ihr Körper darauf umgestellt hat, vermehrt Schlacken und Giftstoffe auszuscheiden. Unterstützen Sie ihn dabei, und trinken Sie sehr viel. Am besten eignen sich Mineralwasser, Molke, Saftschorlen, Früchtetee und Fruchtsäfte. Wenn Sie reichlich trinken, verschwinden die Fastenbeschwerden schneller. Gönnen Sie sich außerdem auch genügend Ruhe. Vor allem bei einer Kreislaufschwäche legen Sie sich am besten ins Bett.

Gut durch den Tag

Molke, Mineralwasser und Säfte – die idealen Begleiter einer Wohlfühlkur.

Zu den normalen Essenszeiten mixen Sie sich einen besonders großen, leckeren Cocktail – Ihr Körper erwartet zur gewohnten Zeit etwas Nahrhaftes. Trinken Sie außerdem so oft wie möglich auch zwischendurch.
Ihr Gymnastikprogramm vom Vortag (Seite 55) sollten Sie heute möglichst zweimal durchführen, am besten auch abends – danach schlafen Sie sicher besonders gut!

Sonntag

Heute dürfen Sie sich wieder viele Molkedrinks gönnen – und daneben reichlich Mineralwasser oder Früchtetees trinken.
Auch Ihre Gymnastik absolvieren Sie mindestens zweimal: Sie werden merken, daß sie Ihnen heute schon viel leichterfällt.

Leberwickel zum Entgiften

Ein Leberwickel hilft Ihrem Körper beim Entschlacken: Er unterstützt die Leber, die Giftstoffe zu verarbeiten.
Legen Sie sich dafür am besten ins leicht vorgewärmte Bett, und lassen Sie sich mindestens zwei Stunden Zeit.

▶ Sie brauchen: warmes Wasser, ein etwa 25 Zentimeter breites Leinentuch, ein langes Baumwoll- oder Frotteetuch und eine Wolldecke.

▶ So wird's gemacht:
Das Leinentuch mit warmem Wasser anfeuchten und glatt unter den rechten Rippenbogen auf die Haut legen. Darüber wickeln Sie das Baumwolltuch um den Leib, schließlich noch die Wolldecke. Den Wickel lassen Sie so lange wirken, bis er sich auf der Haut kalt anfühlt. Dann den Wickel entfernen und mindestens noch 30 Minuten ruhen.

So legen Sie einen Leberwickel an

Lust auf Süßes?

Gerade am Sonntag kommt oft die Lust auf ein Stück Apfelkuchen oder Schokolade. Beim Molkefasten können Sie den Süßhunger mit zwei leckeren Molkedrinks besiegen.

Apfel-Kiwi-Drink

Rezept für 2 Gläser:
2 Kiwis • 100 ml Apfelsaft • 100 ml Kokosmilch • 200 ml Molke • 1 TL Molkepulver • Vanillezucker

Fruchtiges gegen den Heißhunger

▶ Kiwis schälen, mit Apfelsaft, Kokosmilch, Molke und Molkepulver pürieren, mit Vanillezucker abschmecken und sofort trinken.

Birnen-Bananen-Shake

Rezept für 2 Gläser:
1 Banane • 200 ml Birnensaft • 200 ml Molke • 1 TL Molkepulver • 1 TL Kakao • Vanillezucker

▶ Banane schälen, mit Birnensaft, Molke, Molkepulver und Kakao pürieren und mit Vanillezucker abschmecken.

Den Erfolg messen

Sich selbst motivieren

Nachdem Sie am Sonntag abend Ihren letzten Molkedrink getrunken haben, stellen Sie sich vor dem Zubettgehen auf die Waage.

Süßes kann so leicht sein – wie dieser Apfel-Kiwi-Drink.

Messen Sie auch wie am Freitagabend Ihren Hüft- und Taillenumfang. Vergleichen Sie dann Gewicht und Körpermaße mit den Werten vom Freitag: So erfahren Sie, wieviel Sie ohne viel Mühe und ganz ohne zu hungern innerhalb eines Wochenendes abnehmen können. Herzlichen Glückwunsch!

Wie geht's weiter?

Essen Sie am Montag nach dem Fastenwochenende keine großen Portionen, kaum Fleisch, Fisch und Milchprodukte, dafür aber viel Obst und Gemüse. Und wenn Sie mögen, trinken Sie auch weiterhin Molke als schlanken Sattmacher. Das Fastenwochenende ist ein guter, motivierender Anfang, um schlank und gesund zu werden und zu bleiben. Sie können damit beispielsweise die 7-Tage-Molkekur (Seite 62) einläuten.

Molke-Wellness-Drinks

Diese leckeren Molkecocktails passen wunderbar in ein Wellness-Programm und eignen sich ebenso als fettfreier Streßkiller oder Fruststopper für den Alltag. Wichtig: Trinken Sie die Cocktails am besten sofort. Wenn sie längere Zeit stehen, können sich die Fruchtbestandteile absetzen. Dann müssen Sie den Drink erneut kräftig umrühren.

Melonen-Molke-Flip

Rezept für 2 Gläser:
1 kleine Galia-Melone • 400 ml Molke • 1 Päckchen Vanillezucker • 1 EL Schokoraspeln

Süß und fruchtig: Melonen-Molke-Flip mit Vanille und einem Hauch Schokolade.

▶ Melone halbieren, die Kerne mit einem Eßlöffel entfernen und das Fruchtfleisch herauslösen. Das Fruchtfleisch mit Molke und Vanillezucker im Mixer kurz pürieren. Alles in Gläser geben und mit Schokoraspeln bestreuen.

Muntermacher

Rezept für 2 Gläser:
2 TL grüner Tee • 100 ml Apfelsaft • 150 ml Molke • Honig • Nelkenpulver

▶ Tee mit 150 ml heißem (nicht mehr kochendem) Wasser übergießen, das Wasser nach 5 Minuten abgießen und mit Apfelsaft und Molke mischen. Den Drink mit Honig und Nelkenpulver abschmecken.

Exotica

Rezept für 2 Gläser:
2 Kakis • 1 Banane • 400 ml Molke • Vanillezucker • 1 EL Kokosraspeln

▶ Kakis halbieren und das Fruchtfleisch mit einem Löffel herauslösen. Banane schälen, mit dem Fruchtfleisch der Kakis und der Molke pürieren. Alles mit etwas Vanillezucker süßen. Den Drink in Gläser geben und mit Kokosraspeln bestreuen.

Schneller Molkegenuß

Rezept für 2 Gläser:
200 ml Molke • 100 ml Karottensaft • 100 ml Apfelsaft • Waldhonig • Zimtpulver

▶ Molke mit Karotten- und Apfelsaft verrühren, mit Waldhonig und Zimt abschmecken.

Bananen-Molke-Shake

Rezept für 2 Gläser:
2 Bananen • 1 EL Zitronensaft • 400 ml Molke • 1 Päckchen Vanillezucker

▶ Bananen schälen, in kleine Stücke schneiden, einige Stücke mit Zitronensaft beträufeln und zum Garnieren beiseite legen. Die übrigen Bananenstücke mit Molke und Vanillezucker pürieren. In Gläser geben. Die nicht pürierten Bananenstücke einschneiden und an die Glasränder stecken.

Grüne Welle

Rezept für 2 Gläser:
1 Bund Dill • 1/2 Gurke • 400 ml Molke • Jodsalz • Pfeffer • Muskat

▶ Dill waschen, 4 Stengel beiseite legen. Restlichen Dill von den Stengeln zupfen, fein hacken. Die Gurke heiß waschen, mit der Schale kleinschneiden und mit Dill und Molke sehr fein pürieren. Mit Salz, Pfeffer und Muskat abschmecken. In Gläser geben, mit den zurückgelegten Dillzweigen garnieren.

Gibt Power: Yellow Energy, ein Cocktail mit dem Besten aus Obst und Molke.

Yellow Energy

Rezept für 2 Gläser:
2 kleine Birnen • 200 ml Molke • 100 ml Ananassaft • 100 ml Grapefruitsaft • Zucker

▶ Birnen vierteln, schälen und Kerngehäuse entfernen. Birnen mit Molke, Ananas- und Grapefruitsaft pürieren. Den oberen Rand der Gläser zuerst in ein wenig Grapefruitsaft, dann in Zucker tauchen. Molkedrink in die Gläser geben und sofort servieren.

Die 7-Tage-Molkekur

In dieser Woche sollten Sie sich viel Zeit nehmen. Sie können die Kur zwar auch im Alltag durchführen, besser ist es allerdings, sie innerhalb eines Kurzurlaubs ganz streßfrei zu genießen.

Erster Tag

Morgens wiegen Sie sich. Messen und notieren Sie auch Ihren Hüft- und Taillenumfang (Seite 35). Dann führen Sie – wie auch an allen folgenden Kurtagen – zwei Übungen aus dem Gymnastikprogramm (Seite 47 ff.) durch. Wärmen Sie sich vorher auf, indem Sie sich gründlich strecken. Schütteln Sie nach dem Üben Arme und Beine aus. Dann trinken Sie einen Molkedrink. Jeden Tag finden Sie ein neues Molke-Rezept. Sie können sich natürlich auch Ihren Lieblings-Molkedrink mixen oder Molke pur trinken.

Alle Rezepte sind für eine Portion berechnet

Anti-Morgen-Muffel

200 ml Molke • 100 ml Birnensaft • 100 ml Orangensaft

▶ Molke mit Säften mischen und mit einem Strohhalm servieren.

Etwa 1 g Fett, 145 kcal

Frühstück: Himbeerjoghurt

200 g Himbeeren (frisch oder tiefgekühlt) • 2 EL Haferflocken • 300 g Magermilchjoghurt • 1 EL Molkepulver • Honig

▶ Himbeeren waschen und putzen oder tiefgekühlte Himbeeren auftauen. Mit den übrigen Zutaten verrühren und mit Honig süßen.

Etwa 3 g Fett, 285 kcal

Ideen für zwischendurch

Sie finden täglich zwei Vorschläge für zwischendurch. Entscheiden Sie selbst, welche Sie mögen. Schauen Sie schon mal zu den anderen Tagen, bevor Sie Ihren heutigen Snack auswählen.

Gefüllte Tomaten

1 Tomate • 2 EL Hüttenkäse • $^1/_2$ TL Olivenöl • 1 Basilikumblatt

▶ Von der Tomate einen Deckel abschneiden, Tomate aushöhlen, Inneres mit Hüttenkäse und Öl verrühren, in die Tomate füllen. Mit Deckel und Basilikum servieren. Dazu ein Glas Molke oder zwei Gläser Molkedrink genießen.

Etwa 4 g Fett, 155 kcal

Mittags: Bunte Spieße

50 g Vollkornreis • Jodsalz • 100 g Schweinefilet • 100 ml Molke • 1 EL Sojasauce • 1/2 kleine Aubergine • 1 rote Paprika • 1 EL Olivenöl • Pfeffer

▶ Reis in kochendes Salzwasser geben, bei wenig Hitze 25 Minuten quellen lassen. Schweinefilet in Scheiben schneiden und 20 Minuten in Molke und Sojasauce marinieren. Das Gemüse waschen und putzen, Paprika halbieren, Kerne und Trennhäute entfernen. Gemüse in große Stücke schneiden und in heißem Öl etwa 10 Minuten dünsten. Dann mit Salz und Pfeffer würzen und herausnehmen. In der gleichen Pfanne das marinierte, abgetropfte Schweinefleisch kurz anbraten, salzen und pfeffern. Die Marinade aufkochen. Fleisch- und Gemüsestücke auf zwei Spieße stecken. Dazu etwas Marinade und den Reis geben. Zum Essen gibt es Mineralwasser, danach ein Glas Molke oder zwei Gläser Molkedrink.

Etwa 14 g Fett, 425 kcal

TIP!

Entspannen mit Musik

Legen Sie sich auf einen weichen Teppich oder eine Decke. Lauschen Sie einer angenehmen, ruhigen Musik, und lassen Sie dabei etwa eine Stunde lang Ihren Gedanken freien Lauf.

Herzhaft: bunte Spieße.

Nachmittags: Kiwibrötchen

2 Kiwis • 1 kleines Brötchen

▶ Die Kiwis schälen und in Scheiben schneiden, beide Brötchenhälften damit belegen.

Etwa 1 g Fett, 160 kcal

Abendessen vom Blech: Kümmelkartoffeln

2 oder 3 festkochende Kartoffeln • 1 TL Rapsöl • 2 TL Kümmel • Jodsalz

▶ Kartoffeln gründlich bürsten, halbieren, auf ein Backblech legen, mit Öl bepinseln, mit Kümmel und Salz bestreuen und im Backofen bei 200 Grad 40 Minuten backen. Dazu und nochmals nach dem Abendessen: je ein Glas Molke oder zwei Gläser Molkedrink.

Etwa 5 g Fett, 220 kcal

Zweiter Tag

Starten Sie mit zwei Übungen aus dem Gymnastikprogramm (Seite 47 ff.). Danach geht's pikant weiter mit einem morgendlichen Drink und einem leckeren Frühstück:

Pikante Molke

$^{1}/_{2}$ Bund Petersilie • 200 ml Molke • 100 ml Gemüsesaft • Jodsalz

Fast kein Fett, etwa 65 kcal

▶ Petersilie waschen, kleinschneiden, mit Molke und Gemüsesaft pürieren, mit Salz würzen.

Frühstück: Radieschenbrötchen

2 Vollkornbrötchen • 3 TL Schmand • 6 Radieschen • 1 Gewürzgurke • Pfeffer

Etwa 6 g Fett, 225 kcal

▶ Brötchen halbieren, mit Schmand bestreichen. Radieschen waschen, Stielansatz abschneiden, Radieschen und Gurke in Scheiben schneiden, auf die Brötchen geben, pfeffern. Dazu: ein Glas Molkedrink.

Zwischendurch: Grapefruitjoghurt

Etwa 3 g Fett, 180 kcal

1 Grapefruit • 200 g Magermilchjoghurt • 1 TL gemahlene Mandeln

TIP!

Werden Sie aktiv

Langeweile ist der Feind einer Kur, denn sie macht hungrig, obwohl Ihr Magen noch gut zu tun hat. Vertreiben Sie die Langeweile, indem Sie sich zum Beispiel das Programm der Molkekur auf den nächsten Seiten anschauen. Oder fangen Sie mit einem der Bücher an, die noch ungelesen im Regal auf Sie warten. Dazu ein Glas Mineralwasser oder Molke trinken. Weitere Tips auf den folgenden Seiten.

▶ Grapefruit halbieren, Fruchtsegmente herauslösen, mit Joghurt und Mandelmehl verrühren.

Mittags: Kabeljaufilet

200 g Kartoffeln • 1 Bund Dill • 200 g Kabeljaufilet • $^{1}/_{2}$ TL Zitronensaft • 2 Orangen • Jodsalz • Pfeffer • 1 Chicorée • 1 TL Nußöl

▶ Kartoffeln etwa 25 Minuten kochen. Dill waschen, von den Stengeln zupfen und kleinhacken. Kabeljaufilet auf eine Alufolie legen, mit Zitronensaft, der Hälfte des Dills, dem Saft $^{1}/_{2}$ Orange, Salz und Pfeffer würzen. Alufolie zuknicken und im vorgeheizten Backofen bei 150 Grad 15 Minuten garen.

Etwa 7 g Fett, 415 kcal

ecker: Fisch mit einem fruchtigen Salat.

Chicorée putzen, waschen und in Stücke schneiden. 1/2 Orange auspressen und die andere filetieren. Orangensaft und Filets mit restlichem Dill unter den Chicorée geben, mit Öl beträufeln, salzen und pfeffern. Kartoffeln schälen und mit dem Chicoréesalat zum Kabeljau geben. Zum Mittagessen trinken Sie Mineralwasser, danach ein Glas Molke oder zwei Gläser Molkedrink.

Nachmittags: Obst pur

Den Hunger zwischendurch besiegen Sie mit Obst.

Abends: Tomatensalat

4 Tomaten • 4 EL Molke • 1 EL geriebener Parmesan • Pfeffer • Jodsalz • einige Basilikumblätter • 3 TL Olivenöl • 1 Vollkornbrötchen

▶ Tomaten waschen, putzen, achteln und mit Molke, Parmesan, Salz und Pfeffer anmachen. Basilikumblätter waschen, mit Küchenpapier abtupfen und mit etwas Salz im Mörser verreiben, Olivenöl zugeben, pfeffern. Über die Tomaten geben und mit dem in Scheiben geschnittenen Vollkornbrötchen servieren. Dazu und nochmals nach dem Essen je ein Glas Molke oder zwei Gläser Molkedrink trinken.

Etwa 19 g Fett, 310 kcal

TIP!

Schwimmen und Saunieren

Nehmen Sie sich in dieser Woche die Zeit zum Schwimmen und Sich-treiben-Lassen: Fragen Sie nach, wann in Ihrem Schwimmbad am wenigsten los ist. Denn je ruhiger es dort zugeht, desto entspannter können Sie Ihre Bahnen im Wasser ziehen. Sicher gibt es auch in Ihrer Nähe ein Freizeitbad mit Sauna – ideal, um sich nach dem Schwimmen noch in der Wärme zu entspannen. Nach dem Saunagang trinken Sie viel Mineralwasser und einige Molkedrinks.

Entspannen und auftanken

Dritter Tag

Sport für einen festen Bauch

Heute kümmern Sie sich bei der Gymnastik vor allem um den Bauch. Achten Sie bei den Übungen »Gebetshaltung« (Seite 47) und »Fersentippen« (Seite 48) immer darauf, daß Sie das gleichmäßige Atmen nicht vergessen.

Verführerischer Start in den Tag: Süßer Molke-Shake

Fast kein Fett, etwa 170 kcal

200 ml Molke • 100 ml Birnensaft • 100 ml heller Traubensaft • Vanillezucker • Zimt

▶ Molke und Fruchtsäfte mixen, Vanillezucker und Zimt zugeben.

Frühstücks-Quicky

200 g Magermilchjoghurt • 100 ml Ananassaft • 100 ml Apfelsaft • 1 EL Honig

Fast kein Fett, etwa 175 kcal

▶ Alle Zutaten verrühren. Dieses Frühstück können Sie auch gut in die Arbeit mitnehmen.

TIP!

Den Körper entwässern

Flüssigkeit ausschwemmen können Sie mit kaliumreichen Lebensmitteln. Neben Molke enthalten auch Auberginen, Champignons, Fenchel, Hülsenfrüchte, Kartoffeln, Kohl und Melonen viel Kalium.

Knackiger Snack: Reiscräcker

Einfach einige Cräcker mit Obst- oder Gemüsestückchen belegen. Dazu paßt Molke oder ein Molkedrink.

Köstliche Kleinigkeiten

Zum Mittagessen: Melonensuppe und Kartoffelpüree mit Kalbsschnitzel

100 g Kalbsschnitzel • 2 Zweige Rosmarin • 100 ml Molke • 300 g mehligkochende Kartoffeln • 3 EL Apfelsaft • Jodsalz • Muskat • 1 TL Sonnenblumenöl

▶ Kalbsschnitzel mit gehackten Rosmarinblättchen in der Molke 15 Minuten marinieren. Kartoffeln etwa 20 Minuten garen, schälen und heiß durch eine Kartoffelpresse drücken. Drei Eßlöffel der Molkemarinade und Apfelsaft mit einem Schneebesen unter das Püree heben. Mit Salz und Muskat würzen. Das abgetrocknete Kalbsschnitzel in heißem Öl kurz braten und zum Kartoffelpüree servieren. Dazu Mineralwasser.

Etwa 7 g Fett, 395 kcal

Für die Melonensuppe:

$^1/_2$ Galia-Melone • 250 ml Molke • $^1/_2$ unbehandelte Zitrone • 1 TL Vanillezucker • $^1/_2$ TL Johannisbrotkernmehl (Reformhaus)

Etwa 1 g Fett, 165 kcal

TIP!

Traumhaft: Ölmassage

Sie brauchen: 3 Tropfen eines ätherischen Öles (Rosmarin zum Anregen, Lavendel oder Rose zum Entspannen), 100 Milliliter Mandelöl

Entspannende Partnermassage

▶ Relaxen Sie bei einer Ölmassage: Für ein Massageöl rühren Sie 3 Tropfen ätherisches Öl in das Mandelöl. Die Mischung dann langsam und immer zum Herzen hin in die Füße und Beine einmassieren, auch Schultern, Brust und Bauch damit sanft einreiben. Am schönsten ist es, wenn ein Partner Sie liebevoll massiert.

▶ Die Hälfte des Melonenfruchtfleisches mit dem Kugelausstecher herauslöffeln. Restliches Fruchtfleisch mit Molke pürieren. Die Zitrone heiß waschen, sehr fein abreiben und auspressen. Den Saft mit geriebener Schale, Vanillezucker und Johannisbrotkernmehl unter die Melonen-Molke rühren. 20 Minuten kalt stellen. Die Suppe mit Melonenkugeln servieren.

Zwischendurch: Buttermilchshake

Buttermilch pur erfrischt herrlich. Zur Abwechslung können Sie sie auch einmal mit Obst- und Gemüsesäften oder mit gehackten Kräutern mixen.

Abends: Fischhäppchen

3 Scheiben Vollkornbrot • 100 g Räucherlachs • 100 g Räucherforelle • $^1/_2$ Bund Dill

Etwa 24 g Fett, 700 kcal

▶ Vollkornbrotscheiben und Räucherfische in mundgerechte Stücke schneiden, auf die Brote legen und mit gewaschenen Dillzweigen garnieren. Zum und nach dem Abendessen je ein Glas Molke oder zwei Gläser Molkedrink trinken.

Vierter Tag

Starten Sie wieder mit 2 Übungen aus dem Gymnastikprogramm (Seite 47 ff.). Zur Belohnung gibt es nun was Fruchtiges.

Kiwi-Dream

1 Kiwi • 200 ml Orangensaft •200 ml Molke • Vanillezucker

Etwa 1 g Fett, 186 kcal

▶ Kiwi schälen, mit Orangensaft und Molke pürieren, mit Vanillezucker abschmecken.

Frühstück: Sonnengruß

1 Mango • 4 EL Magermilchjoghurt • 150 ml Orangensaft • 6 EL Cornflakes • 2 TL Kokosraspeln

Etwa 8 g Fett, 605 kcal

▶ Mango rechts und links vom Stein durchtrennen, das Fruchtfleisch aus den Hälften heraustrennen und kleinschneiden. Mit Joghurt und Orangensaft unter die Cornflakes rühren. Kokosraspeln in einer Pfanne ohne Fett bräunen und über die Flakes geben.

TIP!

Heißes Öl, knusprige Bratstücke

Erhitzen Sie immer erst das Öl, bevor Sie Gemüse oder Fleisch hineingeben. So saugt sich das Bratgut nicht voll Öl. Für hohe Temperaturen eignen sich vor allem Raps-, Sonnenblumen- und Olivenöl (kein Öl aus erster Pressung nehmen, zum Braten und Kochen reicht ein günstigeres).

Vormittags: Kleiner Obstimbiß

1 Apfel • 100 g Trauben

▶ Apfel in Stücke schneiden, mit den Trauben mischen.

Mittags: Bleichselleriegemüse und Ananascreme

4 Stengel Bleichsellerie • 1/2 Aubergine • 1 EL Olivenöl • 4 EL Tomatenpüree • 4 EL Molke • Curry • Jodsalz • Pfeffer

Etwa 11 g Fett, 170 kcal

▶ Bleichsellerie waschen, putzen, grobe Außenfasern abschneiden. Die Stengel in sehr feine Scheiben schneiden. Aubergine waschen, putzen und würfeln. Mit den Selleriescheiben in heißem Öl dünsten. Mit Tomatenpüree und Molke ablöschen, einkochen lassen. Mit Curry, Salz und Pfeffer würzen. Dazu paßt ein pikanter Molkedrink.

Für die Ananascreme:

4 Blatt Gelatine • 250 ml Molke • 100 ml Ananassaft • 300 g Magerquark • 2 EL Honig

Etwa 2 g Fett, 395 kcal

▶ Gelatine 10 Minuten in wenig Wasser quellen lassen, erhitzen

TIP!

Fußpflege

Gönnen Sie sich heute eine professionelle Fußpflege oder zumindest ein Fußbad mit Molkeprodukten (Seite 78). Vergessen Sie nicht, danach die Füße gut abzutrocknen und zu massieren (Seite 67).

und rasch mit den restlichen Zutaten verrühren. Im Kühlschrank drei Stunden fest werden lassen.

Zwischendurch: Pikanter Dip

1 Paprika • 1/2 Bund Petersilie • 100 g Magerquark • 1 EL Tomatenpüree (Fertigprodukt) • Jodsalz • Pfeffer • Curry • 1 Chicorée

Etwa 1 g Fett, 110 kcal

▶ Paprika und Petersilie waschen, Kerne und weiße Trennhäute der Paprika entfernen. Paprika und Petersilie sehr klein schneiden, mit Quark und Tomatenpüree verrühren und mit Salz, Pfeffer und Curry würzen. Chicorée waschen, putzen, die einzelnen Blätter voneinander lösen und mit dem Paprikadip essen. Dazu schmeckt ein Glas Molke oder zwei Gläser eines pikanten Molkedrinks (Seite 64).

Abends: Gurkensuppe

1/2 Salatgurke • 1/2 Bund Dill • 1/2 Zitrone • 150 ml Molke • 150 g Magermilchjoghurt • Jodsalz • Pfeffer • 1 TL Nußöl

Etwa 6 g Fett, 210 kcal

▶ Gurke und Dill waschen und sehr klein schneiden. Zitrone auspressen. Alles mit Molke und Joghurt pürieren, mit Salz, Pfeffer und Nußöl würzen. Am Abend noch zwei Gläser Molkedrink genießen.

TIP!

Hautpflege beim Fasten

Beim Entschlacken scheidet der Körper auch über die Haut Abfallprodukte aus. Deshalb können sich kleine Pickel und rote Flecken zeigen. Mit einem Saunabad beschleunigen und erleichtern Sie das Ausscheiden der Gifte. Auch ein Hautpeeling, ein warmes Molkevollbad (Seite 78) und viel Vitamin A – etwa als Molkedrink mit Karottensaft (Seite 61) – pflegen die gestreßte Haut. Beim Fasten dünstet der Körper auch mehr aus als sonst. Wenn Sie sich gründlich reinigen und gut pflegen, beugen Sie unangenehmen Körpergerüchen vor und müssen nicht durch Deodorants das gesunde Schwitzen künstlich unterdrücken.

So fühlen Sie sich wohl in Ihrer Haut

Fünfter Tag

Nehmen Sie sich mit den Gymnastikübungen »Körperdrehungen« und »Rumpfbeugen« (Seiten 48 und 49) heute mal Rücken und Taille vor. Gleichzeitig stärken Sie auch Ihre Brustmuskeln und tun etwas für Ihre Haltung. Wiederholen Sie diese Kombination so oft wie möglich. Und jetzt noch Fitness von innen:

Vitalis

200 ml Molke • 100 ml Kirschsaft • 100 ml schwarzer Johannisbeersaft • Vanillezucker • Nelkenpulver

Fast kein Fett, etwa 170 kcal

▶ Molke mit Kirsch- und Johannisbeersaft mixen, mit Vanillezucker und Nelkenpulver würzen.

Frühstück: Molke-Müsli

1 Banane • 1 Apfel • 5 EL Haferflocken • 100 g Magermilchjoghurt • 100 ml Molke • 1 EL Honig • Zimt

Etwa 5 g Fett, 380 kcal

▶ Die Banane schälen, in Scheiben schneiden. Den Apfel waschen, Kerngehäuse entfernen und den Apfel in kleine Stücke schneiden. Das Obst mit Haferflocken, Joghurt und Molke verrühren. Mit Honig und Zimt abschmecken.

Zwischendurch: Lachsröllchen

2 Stengel Dill • 1 EL Magerquark • 2 Scheiben Räucherlachs

▶ Dill abzupfen, hacken, mit dem Quark auf die Lachsscheiben geben und aufwickeln.

Etwa 4 g Fett, 70 kcal

Farbenfroher Mittagstisch: Große Salatplatte

2 Tomaten • 1 kleine Zwiebel • einige Rucolablätter • 1/4 Salatgurke • 1 Karotte • 1 Apfel • 2 TL Gemüsefond • 2 TL Nußöl • 2 TL Apfelessig • 1 EL geriebener Parmesan • Jodsalz • Pfeffer • 1/2 Zitrone • 1 TL Magermilchjoghurt • 1 EL gehackte Walnüsse

▶ Gesamtes Gemüse und Apfel waschen und putzen. Tomaten achteln, Zwiebel schälen, in kleine Ringe schneiden und zu den Tomaten und Rucolablättern geben. Mit Gemüsefond, Öl, Essig und Parmesan verrühren, salzen und pfeffern. Gurke in Scheiben schneiden. Zitrone auspressen und die Hälfte des Saftes mit dem Joghurt zu den Gurken geben, salzen und pfeffern. Den entkernten Apfel und die Karotte raspeln und sofort restlichen Zitronensaft unterrühren. Salatplatte mit Nüssen bestreut servieren.

Etwa 20 g Fett, 335 kcal

TIP!

Das Leben ist bunt...

Lassen Sie doch mal wieder Ihrer Phantasie freien Lauf: Mehrere Blatt Papier, einige Stifte, Wasserfarben, Pinsel oder bunte Wachsmalkreiden werden Ihrer Kreativität und Ihrer guten Laune Flügel verleihen!

Zwischendurch: Popcorn ohne Kino

Popcornmais bekommen Sie im Supermarkt oder im Reformhaus

Eine Leckerei mit Ballaststoffen!

▶ Popcornmais in einem geschlossenen Topf wenige Minuten erhitzen, bis der Mais poppt – fertig! Dazu ein Glas Molke oder zwei Gläser Molkedrink genießen.

Klassiker zum Abend: Die schnelle Nudel

100 g Bandnudeln • Jodsalz • 50 g Thunfisch (Dose) • 5 Kapern • 100 ml Molke • 3 Frühlingszwiebeln • 1 EL geriebener Parmesan

Etwa 5 g Fett, 505 kcal

▶ Bandnudeln in reichlich kochendes Salzwasser geben, 10 Minuten garen. Thunfisch abtropfen lassen, etwas lockern und mit den Kapern in die Molke geben. Frühlingszwiebeln waschen, putzen, schneiden und im heißen Öl dünsten. Zur Thunfischmolke geben, alles kurz pürieren, bei kleiner Hitze warm halten. Nudeln abtropfen lassen, Sauce zugeben, mit Parmesan bestreuen. Am Abend noch zwei Gläser Molke oder vier Molkedrinks.

Nudeln mit Thunfischcreme – schnell gemacht und lecker!

Sechster Tag

Wie immer geht es morgens sportlich los: Power-Gymnastik (Seite 47 ff.)!
Vielleicht nehmen Sie sich heute mal mit dem »Beckenheber« (Seite 50) und der »Schnellen Beinwippe« (Seite 51) ganz gezielt die Oberschenkel und den Po vor?
Schnell geht es auch weiter – mit dem folgenden Molkedrink.

Molke-Blitz-Drink

Fast kein Fett, etwa 70 kcal

150 ml Molke • 100 ml Grapefruitsaft

▶ Einfach Molke und Saft mixen – und schon ist der Drink fertig!

Guten-Morgen-Sandwich

Etwa 5 g Fett, 325 kcal

4 Scheiben Vollkorntoast • 1 Mango • 2 TL Magerquark • Zimt

▶ Toastbrot rösten. Mango halbieren, Fruchtfleisch herauslösen und in Spalten schneiden. Toast mit Magerquark bestreichen und mit Zimt bestreuen. Zwei Scheiben dicht mit Mango belegen, die beiden anderen Scheiben darauflegen.

Kleiner Vormittagsimbiß: Radieschenquark

5 Radieschen • 100 g Magerquark • Jodsalz • Pfeffer

▶ Radieschen waschen, putzen, in dünne

Ein schön gedeckter Tisch macht aus der Molke- eine Wohlfühlkur.

Fast kein Fett, etwa 80 kcal

Scheiben schneiden, mit dem Magerquark verrühren und mit Salz und Pfeffer abschmecken. Dazu: ein Glas Molke oder zwei Gläser Molkedrink.

Putengeschnetzeltes zum Mittag

1 Zucchini • 200 g Brokkoli • 1 rote Paprika • 2 Lauchzwiebeln • 2 TL Olivenöl • 150 g Putenbrust • 1 EL Kondensmilch • 1/2 Bund Petersilie • Jodsalz • Pfeffer

Etwa 13 g Fett, 350 kcal

▶ Gemüse waschen und putzen, Zucchini in feine Scheiben, den Brokkoli in kleine Röschen schneiden, Paprika halbieren, von Trennhäuten und Kernen befreien und in kleine Stücke schneiden. Lauchzwiebeln von äußerer Haut befreien und in feine Ringe schneiden. Das gesamte Gemüse in heißem Öl etwa 10 Minuten lang anbraten. Dann das in Streifen geschnittene Putenfleisch und die Kondensmilch zugeben, fünf Minuten mitgaren. Petersilie waschen, hacken und zugeben, salzen und pfeffern. Und als Dessert: ein süßer Molkedrink.

Frischer Snack: Joghurteis

Auch beim Eis gibt's figurfreundliche Sorten

Sogar Eis ist erlaubt! Fruchtsorbet oder Joghurteis enthalten nur wenig Fett und schmecken herrlich frisch.

TIP!

Die Beautyfarm zu Hause

Pflegen Sie Ihren Körper mit einem Molkebad (Seite 78) bei Kerzenschein und guter Musik. Danach gönnen Sie Ihrer Haut ein Körperpeeling und schließlich eine Massage mit einem guten Pflegeöl (Seite 67).

Abends: Kartoffelsuppe

150 g mehligkochende Kartoffeln • 1 kleine Stange Lauch • 100 g Petersilienwurzeln • 250 ml Molke • 1/2 Bund Petersilie • einige Blätter Liebstöckel • Jodsalz • Pfeffer • Muskat • 1 Scheibe Toast • 1 EL Olivenöl

▶ Kartoffeln schälen und kleinschneiden. Lauch putzen, waschen und den weißen und hellgrünen Teil in feine Ringe schneiden. Petersilienwurzel waschen, putzen und in feine Scheiben schneiden. Gemüse mit kleingeschnittenen Liebstöckelblättern 30 Minuten in 100 ml Wasser dünsten. Gemüse mit der Molke schaumig pürieren, nochmals erwärmen. Petersilienblätter putzen, waschen und kleinschneiden, unter die Suppe geben, mit Salz, Pfeffer und Muskat würzen. Toastbrot in Würfel schneiden, in heißem Öl bräunen und mit der Kartoffelsuppe servieren. Am Abend trinken Sie noch zwei bis drei Molkedrinks.

Etwa 7 g Fett, 345 kcal

Siebter Tag

Am letzten Tag Ihrer Molkekur widmen Sie sich zwei Gymnastikübungen (Seite 47 ff.), die für Sie wichtig sind. Stellen Sie sich ein Programm zusammen, das Sie auch nach der Kur täglich turnen.

Molkedrink Coconut

1 Birne • 200 ml Molke • 100 ml Kokosnußmilch • 100 ml Apfelsaft

Etwa 1 g Fett, 170 kcal

▶ Birne vierteln, Kerngehäuse und Schale entfernen, mit den restlichen Zutaten pürieren.

Frühstück: Bündner Brote

2 Scheiben Vollkornbrot • 2 EL Magerquark • 30 g Bündner Fleisch • 1 Kiwi

Etwa 4 g Fett, 200 kcal

▶ Vollkornbrot mit Quark bestreichen. Bündnerfleisch darauflegen. Kiwi schälen, in Scheiben schneiden und auf das Bündnerfleisch geben. Dazu paßt ein Glas Molke oder zwei Gläser Molkedrink.

TIP!

Gute Gewohnheiten

Genießen Sie in Zukunft allmorgendlich einen der zahlreichen Molkedrinks, die Sie in diesem Ratgeber finden.

Fruchtiges für zwischendurch: Traubenquark

15 kernlose Weintrauben • 3 EL Hüttenkäse • Pfeffer

Etwa 2 g Fett, 60 kcal

▶ Weintrauben halbieren, mit dem Käse verrühren, pfeffern. Dazu Molke oder ein Glas Molkedrink genießen.

Mittags: Kartoffelsalat, danach Mangodessert

200 g festkochende Kartoffeln • Jodsalz • 5 Radieschen • 2 Gewürzgurken • 1/2 Zitrone • 100 ml Molke • 2 EL Magermilchjoghurt • 1/4 TL Dijonsenf • Pfeffer • 1/2 Bund Petersilie

Etwa 1 g Fett, 185 kcal

▶ Die Kartoffeln schälen, 30 Minuten in Salzwasser garen. Die Radieschen waschen und putzen. Radieschen und Gewürzgurken in feine Scheiben schneiden. Für die Sauce Zitrone auspressen, den Saft mit Molke, Joghurt, Senf, Salz und Pfeffer verrühren. Kartoffeln abkühlen lassen, in Scheiben schneiden, mit Radieschen-, Gurkenscheiben und der Sauce verrühren. Gehackte Petersilie darüberstreuen.

Für das Mangodessert:
100 ml Magermilch • 1 EL Vanillezucker • 1 Mango • 200 ml Molke • 1 Ei • 4 TL Zucker

TIP!

Tief durchatmen und sich wohlfühlen

Sie liegen auf dem Rücken und atmen langsam und tief. Spüren Sie, wie Oberkörper, Zwerchfell und Bauch dem Rhythmus folgen! Mindestens 15 Minuten ruhig atmen.

▶ Die Milch mit dem Vanillezucker aufkochen. Mango links und rechts vom Stein durchschneiden, das Fruchtfleisch aus den Hälften schneiden und mit Molke pürieren. Das Ei trennen, das Eigelb mit der Molke-Mango-Mischung zur Milch geben (nicht kochen lassen). Mit Vanillezucker und 3 TL Zucker süßen. Das Eiweiß mit dem restlichen Zucker steif schlagen. Den Eischnee kurz auf die warme Creme setzen, den Deckel des Topfes schließen. Danach das Mangodessert mit dem Eischnee servieren.

Etwa 8 g Fett, 285 kcal

Schneller Genuß: Fruchtriegel

Auch ein Riegel kann mal der Snack zwischendurch sein: Reformhaus-Fruchtriegel mit Fruchtbestandteilen – ohne Schokolade – enthalten kein Fett!

Abends: Heringssalat

1 Salzhering, filetiert • 3 EL Magermilchjoghurt • 3 EL Molke • 3 EL Apfelsaft • $^1/_2$ Zwiebel • 1 kleiner Apfel • 1 Gewürzgurke • 1 kleines Bund Schnittlauch

▶ Filets wässern, in große Stücke schneiden. Zwei Stunden in Joghurt, Molke und Apfelsaft einlegen. Zwiebel und Apfel schälen, Apfel entkernen. Apfel, Zwiebel und Gurke kleinschneiden. Heringsstückchen aus der Marinade nehmen, mit Apfel-, Zwiebel- und Gurkenstückchen anrichten und mit 4 EL der Marinade übergießen. Schnittlauch waschen, kleinschneiden und über den Salat streuen. Zum und nach dem Essen trinken Sie ein Glas Molke oder zwei Molkedrinks.

Etwa 13 g Fett, 350 kcal

Und am Morgen danach …

Am Morgen nach der Molkewoche wiegen Sie sich noch bevor Sie etwas essen oder trinken. Vergessen Sie auch nicht, Ihren Taillen- und Hüftumfang zu messen (siehe Seite 35). Sicher werden Sie feststellen, daß sie während der Kur wirklich abgenommen haben. Sie können stolz auf sich sein – und Ihren Erfolg feiern!

Molke macht schön

Molke ist ein Schönheits- und Wohlfühlmittel, das von innen, aber auch von außen angewendet werden kann. Denn die gesunden Inhaltsstoffe (siehe auch Seite 13 ff.) regenerieren und reinigen Haut und Haare. Zahlreiche Kosmetika und Pflegeprodukte aus dem Naturkosmetikbereich, aber auch einige herkömmliche Produkte enthalten daher Molkebestandteile. Doch mit den Schönheits-Rezepten ab Seite 78 können Sie Ihre Molkekosmetik auch einfach selbst herstellen.

Wie Molke wirkt

Natürlich wirken all die wertvollen Inhaltsstoffe der Molke bei einer Kur (ab Seite 54 und ab Seite 62) von innen heraus positiv auf die Gesundheit von Haut und Haaren aus. Einige besonders hautwirksame Drinks finden Sie im Kasten rechts. Die Mineralstoffe und auch das Vitamin B_2 tragen dazu bei, daß die Haut mit wichtigen Nährstoffen gut versorgt wird. Zusätzlich stärkt die Milchsäure die Darmflora, so daß das Abwehrsystem des Darmes wirkungsvoll arbeitet. Es schottet den Körper vor vielen Gift- und Reizstoffen ab, die die Haut irritieren und dann zu Unreinheiten, Pickeln, Juckreiz und Rötungen führen können.

Gesundheit und Schönheit gehören zusammen

Molke: Jungbrunnen für die Haut

Diese Drinks lassen die Haut spürbar aufleben. Die Rezepte sind für jeweils 2 Gläser berechnet.

Karotten-Cocktail

200 ml Molke • 100 ml Karottensaft • 100 ml Ananassaft • 1 TL Mandelmus • Zimtpulver

▶ Molke mit Karotten-, Ananassaft und dem Mandelmus pürieren. Mit Zimt bestreuen.

Beauty-Fruit

2 Kakis • 100 ml Kokosmilch • 200 ml Molke • 1 TL Kokosraspeln

▶ Kakis halbieren, Fruchtfleisch aus der Schale trennen und mit Kokosmilch und Molke pürieren. In die Gläser geben und mit Kokosflocken bestreuen.

Aprikosen-Beeren-Traum

100 ml Aprikosensaft • 100 g Beeren (frisch oder tiefgefroren) • 200 ml Molke

▶ Aprikosensaft mit den gewaschenen und geputzten Beeren und der Molke pürieren.

Zwei Inhaltsstoffe der Molke verbessern nachweislich auch äußerlich angewendet das Hautbild und kräftigen die Haare:

Molkeproteine und Milchsäure für Haut und Haar

Molkeproteine gegen Fältchen

Das Bindegewebe speichert Wasser und dient als Polster für eine glatte Haut. Mit den Jahren lockert es sich. Die Haut kann nicht mehr so viel Feuchtigkeit speichern, trocknet aus, und feine Fältchen entstehen. Viele Cremes wirken dem entgegen, indem sie die Haut mit Feuchtigkeit versorgen. Allerdings kann die Haut das Wasser nur kurz speichern. Langfristig hilft es mehr, das Bindegewebe zu stärken. Molkeneiweißstoffe bauen die Kollagenfasern im Bindegewebe auf. Dadurch kann die Haut die Feuchtigkeit, die die Molke gleich mitliefert, besser aufnehmen.

Milchsäure wehrt Schadstoffe ab

Schonend reinigen

Die Haut produziert einen eigenen Schutzfilm, den sogenannten Säureschutzmantel. Dieser dünne Hautfilm enthält unter anderem Milchsäure, die desinfiziert, den Säureschutz bildet und gleichzeitig auf natürliche Weise Feuchtigkeit spendet.
Ohne diese Schutzschicht würden all die Substanzen, mit denen wir täglich in Berührung kommen, die Haut viel stärker beanspruchen. Sie würde schneller austrocknen, sensibler reagieren und früher altern. Außerdem kann Milchsäure viel Wasser binden und so gegen trockene, schuppige Haut helfen.

Kosmetikprodukte aus Molke

Produkte zur Gesichtspflege:
Hautcreme
Tagescreme
Nachtcreme
Anti-Aging-Creme

Für die Pflege der Körperhaut:
Körperlotion
Körpercreme

Produkte (nicht nur) für Kinderhaut:
Baby-Pflegebad
Kinder-Hautcreme

Bade- und Duschkosmetik:
Bade- und Duschgel
Molkebad

Kosmetik zur Haarpflege:
Haarfestiger
Haarshampoo
Haarspülung
Haarbalsam
Molkebad

Produkte für die Hautreinigung:
Reinigungsmilch
Gesichtswasser
Seife

Molkekosmetik aus der eigenen Küche

Reine Naturprodukte

Die folgenden Rezepturen sind ganz natürlich – sie enthalten keine Konservierungsmittel, die von empfindlicher Haut oft nicht vertragen werden. Der Nachteil: Die Kosmetika verderben schneller und schaden dann erst recht einer sensiblen Haut. Daher sollten Sie sie rasch verbrauchen.

Rezepte für jeden Hauttyp

Molkebad

3 l Molke • 3 Tropfen ätherisches Grapefruitöl • 2 TL Mandelöl

▶ Zutaten gut miteinander mischen und mit dem Strahl des heißen Badewassers ins Vollbad geben. Sie können zusätzlich Ihre herkömmliche Badelotion verwenden. Baden Sie etwa 20 Minuten bei einer Wassertemperatur von 30 bis 36 Grad. Danach gut abtrocknen und ausruhen.

TIP!

Ölbad light

Bei sehr fettiger Haut verzichten Sie beim Vollbad auf das Mandelöl. Damit sich das Grapefruitöl löst, geben Sie dann statt Mandelöl zwei Eßlöffel Schlagsahne dazu.

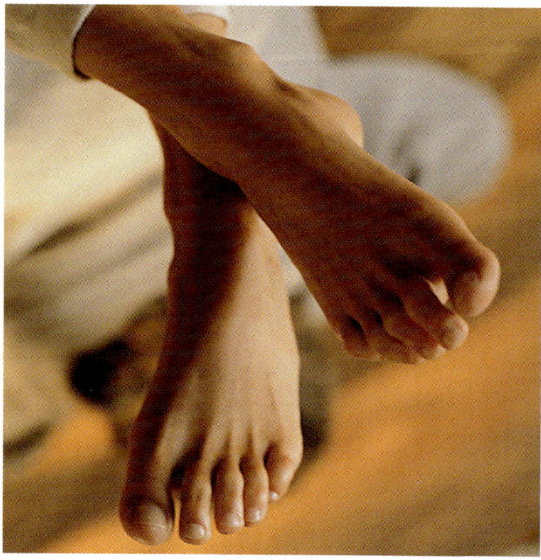

Täglich Schwerstarbeit: Die Füße tragen uns durchs Leben, deshalb haben sie Streicheleinheiten verdient.

Fußpflege-Bad

1 EL Salbeiblätter • 3 EL Meersalz • 2 l Molke

▶ Salbei mit 2 Liter kochendem Wasser übergießen, nach 10 Minuten abseihen, mit Meersalz unter die Molke rühren. Füße darin 10 Minuten baden, dann gründlich abtrocknen und einölen.

Honig-Reinigungslotion

3 EL Honig • 200 ml Molke • 1 Zitrone • 1 Tropfen Grapefruit- oder Rosenöl

▶ Honig bei geringer Hitze in der Molke auflösen. Zitrone auspressen. Saft und ätherisches Öl unterrühren. Lotion mit Wattepads auftragen, wenige Minuten wirken lassen und abwaschen.

Rezepte bei trockener Haut

Die meisten Molkerezepte sind für trockene Haut gut geeignet. Besonders empfehlenswert sind die folgenden:

Feuchtigkeits-Emulsion

1 EL Sahnejoghurt • 2 TL Molkepulver • 1 Eiweiß

Sanfte Pflege für trockene Haut

▶ Zutaten verrühren. Auf das gereinigte Gesicht auftragen. 5 Minuten einwirken lassen, mit lauwarmem Wasser abspülen.

Kamillen-Maske

1 TL Kamillenblüten • 2 TL Molkepulver • 3 EL Mandelöl • 4 EL Schmelzflocken

▶ Kamillenblüten mit 100 ml kochendem Wasser überbrühen, nach 10 Minuten abseihen. Molkepulver, Mandelöl und Schmelzflocken unterrühren, bis ein Brei entsteht. Auftragen und nach etwa 10 Minuten abspülen.

Rezepte bei fettiger Haut

Ananas-Molke-Lotion

1/4 Ananas • 100 ml Molke

▶ Ananas-Fruchtfleisch herausschneiden, ohne Strunk mit Molke pürieren, mit Wattepads auftragen, nach 2 Minuten abspülen.

Molke-Peeling

100 ml Molke • 3 EL Bimssteinpulver (Apotheke)

▶ Molke mit Bimssteinpulver verrühren, mit einem Schwämmchen in die Haut einmassieren, mit Wasser gründlich abspülen.

Hautunreinheiten bekämpfen

Rezept bei festem Haar und gegen Schuppen

Molke aktiviert und nährt die Kopfhaut, so daß die Haare sich regenerieren können und Schuppenprobleme verschwinden.

Brennessel-Molke-Shampoo

1 EL getrocknete Brennessel • 100 ml Molke • 1 EL Zitronensaft • 2 EL neutrales Shampoo

▶ Brennessel mit 100 ml kochendem Wasser überbrühen, nach 10 Minuten abseihen und mit den anderen Zutaten verrühren. Gut einmassieren, ausspülen.

Haar-Kur

1 EL getrocknete Brennessel • 100 ml Molke • 150 g Crème fraîche

Gut bei fettigem Haar: Magerquark statt Crème fraîche

▶ Brennessel mit 100 ml kochendem Wasser überbrühen, nach etwa 10 Minuten abseihen, mit restlichen Zutaten verrühren, ins Haar kneten und nach 10 Minuten sorgfältig auswaschen.

Molke als Medizin

Ob als Getränk oder als Pulver, Molkeprodukte helfen bei vielen Alltagsbeschwerden und sogar bei einigen ernsten Erkrankungen. Gerade Zivilisationskrankheiten wie Krebs, Gicht, Übergewicht und Herz-Kreislauf-Problemen kann Molke vorbeugen – oder sie lindern.
Auch wenn es Molke bisher noch nicht auf Krankenschein gibt, sollten Sie schon heute das Getränk mit dem angenehm frischen Geschmack und den nachgewiesenen Gesundheitswirkungen nutzen.
In diesem Kapitel finden Sie raffinierte Molkerezepte, die Ihnen das Genießen ganz einfach machen.

Gesundheit von A bis Z

Beschwerden und Krankheiten, bei denen Molke helfen kann, finden Sie in der folgenden Kurzübersicht – dazu kleine Rezepte für wirksame Drinks, bei denen Molke mit speziellen Tees und Pflanzensäften gemixt wird, um die Wirkung zu verstärken. Alle Zutaten bekommen Sie in der Apotheke oder im Reformhaus. Beachten Sie auch die wichtigen Hinweise im Kasten unten.

Molke kombiniert mit Tees und Säften

WICHTIG

Hinweise zur Selbstbehandlung

- Gehen Sie bei anhaltenden oder starken Beschwerden immer sofort zum Arzt.
- Nehmen Sie Molke und Molkeprodukte ergänzend zu Ihren vom Arzt verschriebenen Medikamente, und setzen Sie die Medikamente nicht eigenmächtig ab.
- Bei chronischen Erkrankungen fragen Sie am besten einen Naturheilkundearzt, wie Sie mit Molke, Molkeprodukten und anderen natürlichen Heilmitteln Ihre Gesundheit stärken können.

AIDS

Diese schwere Infektionskrankheit wird vom HI-Virus ausgelöst. Es gibt noch immer kein Medikament, das dieses Virus vollständig abtötet. Allerdings können inzwischen einige Symptome der Krankheit bekämpft werden, etwa Schluckbeschwerden, Gewichtsverlust und Appetitlosigkeit.

Wie hilft Molke?

Molkedrinks aus Molkehydrolysaten, Säften und anderen aromatischen Zutaten können den Appetit anregen und den Gewichtsverlust stoppen. Das Rezept für einen Molkedrink gegen Appetitlosigkeit und weitere Informationen finden Sie auf Seite 86.

Akne

Lästige Pickel im Gesicht oder auch am Körper können durch Ernährung und Hormone beeinflußt werden. Darüber hinaus sind auch verschiedene Krankheiten wie Darmbeschwerden (siehe Seite 85) als Akneauslöser bekannt.

Bei schwerer Akne immer zum Hautarzt gehen

Wie hilft Molke?

Die in Molkeprodukten enthaltene Milchsäure reinigt und desinfiziert die Haut und beschleunigt dadurch die Heilung eventuell vorhandener offener Stellen.
▶ Molkekonzentrat 1:1 mit Wasser verdünnt auf die befallenen Hautstellen auftragen.
Auch innerlich angewendet kann Milchsäure Darmbeschwerden lindern, so daß sich auch Hautprobleme bessern können. Trinken Sie dafür täglich etwa einen Liter Molke.

Was hilft noch?

Kamillentee oder -salbe auf die betroffene Hautstelle auftragen.

Aphthen

Warnsignal eines überbeanspruchten Immunsystems

Diese schmerzhafte Schleimhautentzündung im Mund tritt oft auf, wenn das körpereigene Abwehrsystem überlastet oder die Mundschleimhaut gestört ist.

Wie hilft Molke?

Eine Molkekurwoche (Seite 62 ff.) stärkt das Immunsystem. Die Milchsäure desinfiziert und regeneriert darüber hinaus die Mundschleimhaut.
▶ Molkekonzentrat 1:1 mit Wasser verdünnen. Damit den Mund ausspülen.

Appetitlosigkeit

Siehe Gewichtsverlust (Seite 86).

Arteriosklerose

Siehe Bluthochdruck und Blutfettwerte (Seite 84).

Blähungen

Bei schmerzhafter Gasbildung im Darm wirken entkrampfende und verdauungsfördernde Mittel lindernd.

Wie hilft Molke?

Molke hilft nachhaltig

Milchsäure und Milchzucker in der Molke aktivieren den Darm und befreien damit die Gase. Sie sanieren die Darmflora und wirken Blähungen entgegen.
▶ Trinken Sie täglich einen Liter Molke. Eine Rezeptidee finden Sie im Kasten unten.

TIP!

Molkedrink gegen Blähungen

6 Blätter Basilikum • 1/4 TL Kümmel • 200 ml Molke • Pfeffer

▶ Die gewaschenen Basilikumblätter im Mörser mit dem Kümmel mischen, alles mit der Molke mixen und pfeffern.

Was hilft noch?

Ballaststoffe (aus Vollkornprodukten, Gemüse, Kartoffeln) beugen Verstopfungen und dadurch bedingten Blähungen vor. Außerdem vertreiben Basilikum und Kümmel Darmgase.

Blutfettwerte, erhöhte

Je höher die Konzentration der Fette und des Cholesterins im Blut, desto größer das Risiko von Herz-Kreislauf-Erkrankungen.

Wie hilft Molke?

Molke enthält kaum Fett – gut für die Blutfettwerte.
▶ Am besten machen Sie eine Molkekur (Seite 62 ff.).

Bluthochdruck

Molke wirkt regulierend

Ein zu hoher Blutdruck erhöht das Risiko für Herz-Kreislauf-Erkrankungen stark.

Wie hilft Molke?

Molke enthält viel Kalium – das hilft, Wasser auszuschwemmen. Dadurch wird der Kreislauf entlastet. Außerdem stoppen Molkeneiweißstoffe Enzyme, die den Blutdruck erhöhen. Auch Orotsäure senkt den Blutdruck.

TIP!

Molkedrink gegen Bluthochdruck

1 TL Löwenzahnwurzel • 100 ml Molke • 100 ml Grapefruitsaft

▶ Löwenzahnwurzel mit 100 ml kochendem Wasser überbrühen, nach 10 Minuten abseihen und mit Molke und dem Grapefruitsaft mischen.

Candida-Infektion

Candida albicans ist ein Pilz, der sich im Darm, an Schleimhäuten (Mund, Scheide) und auf der Haut ansiedelt. Er kann dort krankhaft wuchern, führt zu Soor und geröteter Haut und begünstigt Infektionen und Entzündungen.

Wie hilft Molke?

Desinfizieren und schonend wieder aufbauen

Molke stärkt die normale Darmbakterienflora gegen den Übergriff des Candida-Pilzes. Die Milchsäure und Milchsäurebakterien desinfizieren, bauen eine natürliche Bakterienflora wieder auf und schützen die Haut.
▶ Trinken Sie mindestens einen Liter Molke täglich, noch besser ist eine Molkekur (Seite 62 ff.). Auch äußerlich kann Molke bei Candida-Infektionen angewendet werden: Tragen Sie in Absprache mit dem Arzt Molkekonzentrate auf die befallenen Schleimhäute und Hautbereiche auf.

Cholesterin

Siehe Blutfettwerte (Seite 84).

Darmentzündungen

Bauchschmerzen, Durchfälle, aber auch chronische Verstopfung deuten auf Entzündungen im Darm hin. Die genaue Diagnose und Behandlung kann nur ein Arzt vornehmen.

Bei Verdauungsproblemen zum Arzt gehen

Wie hilft Molke?

Molke saniert die Darmflora. Die Molkeproteine erleichtern die Heilung, und zusätzlich verbessern Mineralien und Milchzucker der Molke die Nährstoffversorgung, die aufgrund der Entzündung beeinträchtigt ist.

▶ Trinken Sie 1,5 Liter Molke täglich, am besten aus Molkepulver mit zugesetzten Milchsäurebakterien.

Durchfall

Durchfälle sind in der Regel eine gesunde Abwehrmaßnahme des Darmes, aber auch ein Warnhinweis, etwas Unverträgliches gegessen oder getrunken zu haben.

Wie hilft Molke?

Molke desinfiziert aufgrund ihrer Milchsäure die Darmschleimhaut. Milchsäurebakterien erneuern die beim Durchfall angegriffene Darmbakterienflora. Und die Molkeproteine steigern die Abwehrkraft des Darmes gegen schädliche und infektiöse Stoffe.

▶ Bei akutem Durchfall ein bis zwei Liter Molke pro Tag trinken.

Erkältung

Meist ist eine Erkältung die Folge einer Virusinfektion. Da die Abwehrfunktion der Nasenschleimhäute bei Kälte nachläßt, häufen sich im Winter die Erkältungskrankheiten.

Warm einpacken und einen Molkedrink genießen – so besiegen Sie eine Erkältung.

Wie hilft Molke?

Molke desinfiziert und stärkt dank der Milchsäure die Mund-

TIP!

Molkedrink gegen Erkältung

1 TL Kamille • 150 ml Molke • 1 TL Honig

▶ Kamille mit 50 ml kochendem Wasser überbrühen, nach 10 Minuten abseihen, mit Molke und Honig mischen.

und Rachenschleimhaut. Milchsäurebakterien können erfahrungsgemäß die Schleimhäute vor Infektionen schützen.
▶ Geben Sie 3 Teelöffel Molkekonzentrat in eine Tasse warmen Hagebuttentee. Solche Getränke aus Molkekonzentrat mit Milchsäurebakterien nicht heiß trinken, da die Bakterien hohe Temperaturen nicht überstehen.

Fußpilz

Füße stets trocken halten

Feuchte Füße und eine allgemeine Abwehrschwäche begünstigen einen Fußpilz. Meist siedelt sich dieser an den Zehen an. Fußpilz führt zu Juckreiz, Rötungen und nässenden Wunden.

Wie hilft Molke?

Milchsäure reinigt und desinfiziert die Haut und beschleunigt die Heilung offener Stellen. Außerdem wirkt Molke mit ihrer Milchsäure und ihren Eiweißstoffen von innen einer Abwehrschwäche entgegen.

▶ Täglich Molkekonzentrat 1:1 mit Wasser verdünnt auf die befallenen Hautstellen auftragen und kurz einwirken lassen. Die Füße dann gründlich abtrocknen.

Was hilft noch?

Halten Sie die Füße trocken, indem Sie sie nach jeder Wäsche gründlich abtrocknen und Woll- oder Baumwollsocken tragen, die den Fußschweiß gut aufnehmen.

Gewichtsverlust, krankhafter

Möglicher Hinweis auf eine Krankheit

Krankheiten wie Krebs oder schwere Infektionen führen zu Appetitlosigkeit und Gewichtsverlust, die neben der Erkrankung den Körper zusätzlich schädigen. Diese Beschwerden müssen vom Arzt behandelt werden!

Wie hilft Molke?

Molkehydrolysate werden vom Körper sehr gut aufgenommen,

TIP!

Molkedrink bei Appetitlosigkeit

100 ml Molke • 50 ml Sanddornsaft (aus dem Reformhaus) • 50 g Kokosmilch • 50 g fettarmer Joghurt (1,5 % Fett)• 1 EL Schokoraspeln

▶ Molke, Sanddornsaft, Kokosmilch und Joghurt kurz mixen. Alles in Gläser füllen und mit Schokoraspeln bestreuen.

so daß der Körper wieder an Gewicht zunimmt. Vermutlich wirken auch die abwehrstärkenden Molkeneiweißstoffe einem weiteren Gewichtsverlust entgegen.

Was hilft noch?

Ingwer wirkt appetitanregend.

Gicht

Bei dieser Stoffwechselkrankheit kann der Körper die anfallende Harnsäure nicht mehr genügend ausscheiden. Sie kristallisiert an den Gelenken. Meist treten heftige Schmerzen zuerst am Zeh auf.

Wie hilft Molke?

Molke durchspült die Nieren, wobei auch Harnsäure ausgeschieden wird. Auch kann Molke das durch die nötige Ernährungsumstellung (siehe unten) fehlende Eiweiß gut ersetzen und einem Eiweißmangel vorbeugen.

▶ In Absprache mit dem Arzt möglichst viel Molke trinken.

Was hilft noch?

Gesunde Eiweißquelle

Meiden Sie beim Essen möglichst Fleisch und Hülsenfrüchte. Verzichten Sie auf Alkohol, und nehmen Sie an Gewicht ab.

Grippe

Siehe Erkältung (Seite 85).

TIP!

Molkedrink gegen Gicht

1 TL Brennesselblätter • 100 ml Molke • 50 ml Apfelsaft • 4 EL Birkensaft • etwas Honig

▶ Brennesselblätter mit 100 ml kochendem Wasser übergießen, nach 10 Minuten abseihen, mit Molke, Apfelsaft und Birkensaft mischen und mit Honig abschmecken.

Hautausschläge

Juckende, rote oder schuppige Hautveränderungen können unterschiedliche Ursachen haben.

Wie hilft Molke?

Ausschläge, die nicht abheilen, untersuchen lassen

Milchsäure reinigt und desinfiziert die Haut und wirkt heilend. In Apotheken ist auch eine spezielle Molkensalbe erhältlich.

▶ Näßt der Ausschlag, tragen Sie ein Molkekonzentrat 1:1 mit Wasser verdünnt auf die befallenen Hautstellen auf. Bei trockenen Stellen 1 Teil Molkepulver mit 4 Teilen Kamillen-Hautcreme verrühren und auftragen.

Insektenstich

Das Gift der Insekten führt meist zu leichten Schwellungen. Im Rachen oder bei Allergien kann schon ein einziger Stich sehr gefährlich sein – sofort zum Arzt!

Wie hilft Molke?

Die Milchsäure kühlt und beugt Entzündungen vor.

▶ Molkekonzentrat 1:1 mit Wasser verdünnt auf die befallenen Hautstellen auftragen und einige Minuten einwirken lassen.

Was hilft noch?

Hautstelle mit Eiswürfel kühlen.

Krebs

Krebs kann natürlich nicht durch Molke geheilt werden. Allerdings lindert Molke Beschwerden wie Durchfälle (Seite 85), Verstopfung (Seite 91) oder Gewichtsverlust (Seite 86), die bei der Krebsbehandlung auftreten.

Leberbeschwerden

Alkohol nur in Maßen genießen

Entzündungen und Vergiftungen der Leber machen sich oft durch eine vergrößerte Leber oder eine Gelbsucht bemerkbar. Häufig werden Leberbeschwerden durch Alkoholmißbrauch ausgelöst.

Wie hilft Molke?

Molke hilft aufgrund des geringen Fettgehaltes, die Leber zu entlasten. Außerdem gibt es Hinweise, daß die speziellen Eiweiße der Molkenhydrolysate und Molkekonzentrate sowie die Orotsäure in der Molke die Regeneration der Leber fördern.

▶ Machen Sie in genauer Absprache mit dem Arzt eine Molkekur (Seite 62 ff.).

Magenprobleme

Wenn Sie häufig unter Völlegefühl, Sodbrennen oder ähnlichen Magenbeschwerden leiden, kann sich dahinter eine ernstzunehmende Erkrankung verbergen. Lassen Sie die Ursache der Beschwerden deshalb in diesem Fall unbedingt vom Arzt abklären. Ein gelegentliches Unwohlsein oder kleinere Probleme können Sie dagegen auch selbst behandeln. Meist werden sie dadurch ausgelöst, daß Magen oder Darm bestimmte Speisen schwer verdauen können.

Wie hilft Molke?

Bei Völlegefühl Molkekonzentrat besonders geeignet

Die in der Molke enthaltenen Mineralstoffe helfen bei einer Übersäuerung des Magens. Ist die Ursache des Völlegefühls ein träger Darm oder zu wenig Magensaft, unterstützt die Milchsäure die Verdauung. Molkekonzentrat enthält besonders viel davon und wirkt daher noch besser als Molke.

▶ Trinken Sie regelmäßig vor dem Essen Molke oder Molkekonzentrat.

WICHTIG

Molke für Kinder?

Bitte behandeln Sie Erkrankungen bei Kindern grundsätzlich nicht ohne Rücksprache mit dem Arzt mit einer Molkekur. Für Säuglinge sind selbst zubereitete Molkerezepte nicht zu empfehlen (siehe auch Seite 24).

Milchzucker-Unverträglichkeit

Molke: Bestandteil vieler Säuglingsnahrungen

Vor allem bei Säuglingen kann eine Milchunverträglichkeit zu Entwicklungsproblemen führen, die Sie am besten mit Hilfe eines erfahrenen Kinderarztes lösen.

Wie hilft Molke?

▶ Viele der im Handel angebotenen Milchersatznahrungen für Säuglinge und Kleinkinder basieren auf Molkeneiweiß.

Nierenprobleme

Die Nieren sind eines unserer wichtigsten Ausscheidungsorgane. Sind sie geschädigt, entstehen oft ernsthafte Stoffwechselerkrankungen wie Gicht (Seite 87), die nur von einem Facharzt behandelt werden können.

Wie hilft Molke?

Molke schwemmt viele schädliche Substanzen aus der Niere heraus. Bestimmte Nierenentzündungen erfordern eine eiweißarme Diät. Molke ist wegen ihres geringen Eiweißgehaltes und der hohen Eiweißqualität für eine solche Diät besonders geeignet.

Hochwertiges Diätlebensmittel

Was hilft noch?

Birken-, Brennessel- oder Löwenzahntee, auch Sanddornsaft.

TIP!

Molkedrink bei Nierenschwäche

1 TL Bärentraubenblätter • 100 ml Molke • 50 ml Apfelsaft • 50 ml Birkensaft • Honig

▶ Bärentraubenblätter mit 100 ml kochendem Wasser übergießen, etwa 10 Minuten ziehen lassen. Bärentraubentee abseihen, mit Molke, Apfelsaft und Birkensaft mischen und mit Honig abschmecken.

TIP!

Molkedrink gegen Ödeme

1 TL Brennesselblätter • 150 ml Molke • 150 ml Apfelsaft • Honig

▶ Brennesselblätter mit 100 ml kochendem Wasser übergießen, nach 10 Minuten abgießen, mit Molke und Apfelsaft mischen. Mit Honig abschmecken.

Ödeme

Wenn sich Wasser im Gewebe ansammelt, kann das verschiedene Ursachen haben. Ödeme sind daher genau vom Arzt abzuklären.

Behandlung mit dem Arzt absprechen

Wie hilft Molke?

Bei manchen Wasseransammlungen hilft eine kaliumreiche, bei anderen eine nierenfreundliche, eiweißarme Ernährung. In beiden Fällen ist Molke (ein Liter täglich) ein gutes Diätlebensmittel.

Osteoporose

Im Alter entkalken die Knochen, vor allem bei Frauen nach den Wechseljahren. Die Knochen können porös werden, so daß sie leicht brechen und nur schwer wieder zusammenwachsen.

Wie hilft Molke?

Das Kalzium in der Molke kann nachhaltig die Knochen kräftigen. Zusätzlich fördert der Milchzucker die Kalziumaufnahme.

▶ Trinken Sie täglich Molke, auch schon in jungen Jahren (siehe Seite 16 ff.)!

Dem Mangel rechtzeitig vorbeugen

Was hilft noch?

Vor allem Milchprodukte mit viel Kalzium festigen das Knochengerüst. Ebenso wichtig ist Vitamin D, das der Körper in der Sonne bildet oder aus Pilzen und Fischen aufnimmt. Und: Bewegen Sie sich viel!

Schnupfen

Siehe auch Erkältung (Seite 85).

Wie hilft Molke?

Milchsäure und Milchsäurebakterien desinfizieren die Nasenschleimhaut.

▶ Verdünnen Sie Molkekonzentrat mit Wasser (6 Teile Wasser, 1 Teil Molkekonzentrat). Diese Mischung wird durch die Nase hochgezogen.

Schuppen

Ein paar Schuppen hin und wieder sind normal. Leiden Sie jedoch häufiger unter den weißen Hautschüppchen, steckt wahrscheinlich eine Pilzinfektion der Kopfhaut dahinter.

Vorbeugen ist besser: Schützen Sie sich stets ausreichend, bevor Sie die Sonne genießen!

Wie hilft Molke?

Die vor allem in Molkekonzentrat reichlich enthaltene Milchsäure wirkt desinfizierend.

▶ Massieren Sie das Konzentrat unverdünnt in die Kopfhaut ein. Kurz einwirken lassen, dann mit warmem Wasser ausspülen.

Sonnenbrand

Sonnenbrand steigert das Risiko, an Hautkrebs zu erkranken. Er ist eine Reaktion der Haut auf zuviel Sonne. Ein starker Sonnenbrand muß vom Arzt behandelt werden.

Wie hilft Molke?

Molke kühlt, und die Milchsäure verhindert Entzündungen.

▶ Bei leichtem Sonnenbrand Molke oder Molkekonzentrat auf die Haut auftragen und kurz einwirken lassen.

Übergewicht

Siehe Molkekuren (ab Seite 54).

Verstopfung

Bei Darmträgheit staut sich der Darminhalt. Das kann zu Bauchschmerzen führen und Darmentzündungen begünstigen.

Wie hilft Molke?

▶ Trinken Sie täglich einen Liter Molke: Die darin enthaltene Milchsäure und der Milchzucker regen den Darm an.

Molke pflegt den Darm

Was hilft noch?

Ballaststoffe aktivieren langfristig den Darm.

TIP!

Molkedrink gegen Verstopfung

4 getrocknete Aprikosen • 150 ml Molke • 150 ml Ananassaft • 50 ml Aloesaft

▶ Die Trockenaprikosen zwei Stunden in Molke und Ananassaft einweichen, mit dem Aloesaft pürieren und sofort trinken. ACHTUNG: Schwangere und stillende Frauen verzichten auf den Aloesaft.

Zum Nachschlagen

Bücher, die weiterhelfen

Bücher (alle aus dem Gräfe und Unzer Verlag, München)

Airainer, M. / Aign, W., *GU Kompaß Abnehmen*

Ambros, E., et al., *Gesundheit – Der große Familien-Ratgeber*

Bachmann, Dr. R.M., *Gesund & fit durch Darmreinigung*

Bielefeld, J., *Ganz schön saftig! Die besten Gesundheits-Drinks*

Bielefeld, J., *GU Kompaß Diäten im Test*

Bohlmann, F., *Energydrinks*

Bohlmann, F., *Essen als Medizin. Genußvoll vorbeugen – natürlich heilen*

Bohlmann, F., *Sauer macht gesund. Fit mit Sauerkraut, Kombucha, Joghurt und Co.*

Bohlmann, F., *Schlank und fit ohne Diät*

Bohlmann F., Schinharl C., *Health Food*

Lützner, Dr. H., *Wie neugeboren durch Fasten*

Pospisil, E., *Mittelmeerdiät – gesund genießen, länger leben*

Sesterhenn, B., *Entschlacken 1x pro Woche*

Adressen, die weiterhelfen

Bundeszentrale für gesundheitliche Aufklärung
Postfach 91 01 52
51071 Köln

Deutsche Gesellschaft für Ernährung (DGE)
Im Vogelsgesang 40
60488 Frankfurt am Main

Österreichische Gesellschaft für Ernährung (ÖGE)
Zaunergasse 1–3
A-1030 Wien

Schweizerische Vereinigung für Ernährung (SVE)
Effingerstr. 2
Postfach 83 33
CH-3001 Bern

Die für die Kur nötigen Molkeprodukte bekommen Sie in Reformhäusern, Apotheken (Molkepulver oder -konzentrate) oder größeren Supermärkten (Trinkmolke).

Haben Sie Lust bekommen, eine Molkekur in einem Hotel oder einem Sanatorium zu machen, finden Sie hier einige Adressen. Dabei handelt es sich natürlich nur um eine Auswahl, nicht um eine vollständige Liste:

Deutschland:

Bad Marienberg
Informationen bei der Stadt- und Kurverwaltung
Wilhelmstr. 10
56470 Bad Marienberg

Haus am Steinberg
Waldstr. 22
33014 Bad Driberg

Hotel Askania
Adrian-Stoop-Str. 30
83707 Bad Wiessee

Kurgesellschaft
Bad Frankenhausen
August-Bebel-Platz
06567 Bad Frankenhausen

Kurheim Jäger
Waldstr. 1
33014 Bad Driburg

Kurheim Schaumann
Fam. A. und G. Schaumann-Walter
Kalzhofen 21
87534 Oberstaufen

Schwallenhof
Brunnenstr. 34
33014 Bad Driburg

Sporthotel Kannenbäckerland
Edgar Rhomberg
Zur Fuchshohl (Am Freibad)
56235 Ransbach-Baumbach

St. Georg Privatkliniken
Kurhausplatz 1
79862 Höchenschwand

Kuren mit Kissinger Kur-Molke werden angeboten:
in zahlreichen Hotels und Sanatorien in
97688 Bad Kissingen

Ein Molketag wird angeboten im:
Kneipp-Sanatorium Möst
Hopfen am See
Uferstr. 1
87629 Füssen

Österreich:

Hotel Widderstein
Fam. Wolfgang und Andrea Schwarzmann
6888 Schröcken-Neßlegg 38

Molzbachhof
Tratten 36
2880 Kirchberg/ Wechsel
(Niederösterreich)

Schweiz:

Kurort Breiten
3983 Breiten

Romantik Kurhotel
Schwefelberg-Bad
1738 Schwefelberg-Bad / BE

Rezeptregister

Sachregister

Das Original mit Garantie

Ihre Meinung ist uns wichtig. Deshalb möchten wir Ihre Kritik, gerne aber auch Ihr Lob erfahren. Um als führender Ratgeberverlag für Sie noch besser zu werden. Darum: Schreiben Sie uns! Wir freuen uns auf Ihre Post und wünschen Ihnen viel Spaß mit Ihrem GU-Ratgeber.

Unsere Garantie: Sollte ein GU-Ratgeber einmal einen Fehler enthalten, schicken Sie uns das Buch mit einem kleinen Hinweis und der Quittung innerhalb von sechs Monaten nach dem Kauf zurück. Wir tauschen Ihnen den GU-Ratgeber gegen einen anderen zum gleichen oder ähnlichen Thema um.

Ihr Gräfe und Unzer Verlag
Redaktion Gesundheit
Postfach 86 03 25
81630 München
Fax: 089/4 19 81-113
e-mail: leserservice@ graefe-und-unzer.de

Impressum

Redaktion:
Reinhard Brendli M.A.
Lektorat:
Ina Raki

Fotos und Illustrationen:
Bavaria (Sandra Seckinger): S. 85; Christian Dahl: S. 67; Andreas Hosch: S. 36; Jahreszeiten Verlag (Christian Dahl): vordere Umschlagseite, S. 1, 2 (unten), 30; Susanne Kracke: S. 35; Mauritius (Rutz): S. 16; Anna Peisl: S. 89; Photobusiness (Artothek): S. 10; Tom Roch: S. 48-50, 51 (unten); Reiner Schmitz: S. 2 (oben), 3, 4, 6, 12, 21, 25, 28, 29, 41, 43, 44, 51 (oben), 52-65, 68, 71, 72, 80, 83, hintere Umschlagseite; Christoph Schneider: S. 33 (Foto), 78; Detlef Seidensticker: S. 33 (Grafik); Tony Stone: S. 26 (Dan Bosler), 38 (David Madison), 91 (Peter Mason)

Umschlaggestaltung:
independent Medien-Design
Innenlayout:
Heinz Kraxenberger
Herstellung:
Daniela Petrini
Satz:
EDV-Fotosatz Huber / Verlagsservice G. Pfeifer, Germering
Lithos:
Fotolito Longo, Bozen
Druck:
Appl, Wemding
Bindung:
Sellier, Freising

ISBN 3-7742-3965-7

Auflage
5. 4. 3. 2. 1.
Jahr
2004 2003 2002 2001 2000

Wichtiger Hinweis

Dieser GU-Ratgeber gibt Ihnen Tips, wie Sie mit Molke abnehmen, entschlacken und Ihr Wohlbefinden steigern. Auch einige Beschwerden und Krankheiten können Sie mit Molke lindern (siehe Kapitel 3, ab Seite 81). Grundsätzlich sollten Sie jedoch bei allen ernsthaften Erkrankungen und auch immer, wenn Sie sich unsicher fühlen, mit einem Arzt abstimmen, wie die Krankheit behandelt werden soll und wie Sie deren Verlauf mit Molkeprodukten positiv beeinflussen können.

Umwelthinweis
Dieses Buch wurde auf chlorfrei gebleichtem Papier gedruckt. Um Rohstoffe zu sparen, haben wir auf Folienverpackung verzichtet.